HEMEL I

Sy glans is soos dié van die kosbaarste edelsteen,
soos 'n kristalhelder opaal
(Die Openbaring 21:11).

HEMEL I

SO HELDER EN PRAGTIG SOOS KRISTAL

Dr. Jaerock Lee

HEMEL I: SO HELDER EN PRAGTIG SOOS KRISTAL
deur Dr. Jaerock Lee
Gepubliseer deur Urim Boeke (Verteenwoordiger: Johnny. H. Kim)
235-3, Guro-dong3, Guro-gu, Seoul, Korea
www.urimbooks.com

Alle regte voorbehou. Hierdie boek of dele daarvan mag nie gereproduseer, in 'n data-sentrum geberg of vermenigvuldig word, in enige vorm of deur enige medium - elektronies, meganies, fotografies, fonografies of enige ander vorm van opname – sonder die voorafgaande skriftelike toestemming van die uitgewer nie.

Alle Teksverwysings is geneem vanuit Die Bybel, Nuwe Vertaling, (met herformulerings) 1975, 1979, 1983, 1986 deur die Bybelgenootskap van Suid Afrika.

Kopiereg 2009 deur Dr. Jaerock Lee
ISBN: 979-11-263-1244-3 03230
Vertaling Kopiereg 2003 deur Dr. Esther K. Chung. Gebruik met toestemming.

Voorheen in Koreaans gepubliseer deur Urim Boeke in 2002.

Eerste Uitgawe Julie 2003
Tweede Uitgawe Januarie 2006
Derde Uitgawe Augustus 2009

Geredigeer deur Dr. Geumsun Vin
Ontwerp deur Redaksionele Buro van Urim Boeke
Vir meer inligting kontak asseblief: urimbook@hotmail.com

VOORWOORD

Die God van liefde lei nie alleenlik elke gelowige op die weg van saligheid nie, maar die geheime van die hemel word ook onthul.

Minstens een keer in 'n leeftyd het iemand moontlik vrae soos, "Waarheen gaan ek na die lewe in hierdie wêreld?" of "Bestaan die hemel en die hel werklik?"

Baie mense sterf selfs voordat hulle antwoorde op sulke vrae vind, of al glo hulle in die hiernamaals, gaan almal nie hemel toe nie, omdat elkeen nie die nodige kennis het nie. Hemel en hel is nie 'n fantasie nie, maar is in die geestelike koninkryk 'n werklikheid.

Aan die een kant, die hemel is so 'n pragtige plek wat nie met enigiets in hierdie wêreld vergelyk kan word nie. Vernaamik, die skoonheid en Nuwe Jerusalem se vreugde, waar God se Troon geplaas is, kan nie voldoende beskryf word nie, omdat dit van die beste materiale gemaak is met hemelse vaardighede.

Aan die ander kant, hel is vol van eindlose, tragiese pyn en ewigdurende foltering; die gruwelike werklikheid, word in die boek Hel breedvoerig bespreek. Hemel en hel se bestaan is deur Jesus en die apostels verkondig, en selfs vandag nog word dit deur die mense wie ware geloof in God het, blootgelê.

Hemel is die plek waar God se kinders die ewige lewe geniet, en ondenkbare, mooi en wonderlike dinge vir hulle voorberei word. Jy weet slegs daarvan in besonderhede, wanneer God jou toelaat en dit aan jou vertoon.

Ek het vir sewe jaar aanhoudend gebid en gevas om van hierdie hemel meer te wete te kom, en om van God antwoorde te ontvang. Nou wys God vir my meer van die geestelike koninkryk se geheime, in wyer verband.

Aangesien die hemel onsigbaar is, is dit baie moeilik om die hemel met die taal en kennis van hierdie wêreld te beskryf. Daar kan ook misverstande daaroor wees. Dit is waarom die apostel Paulus nie die volle besonderhede van die Paradys in die Derde Hemel kon beskryf nie, nadat hy dit in 'n visioen gesien het nie.
God het ook vir my ook omtrent verskeie geheime van die hemel geleer, en vir baie maande het ek omtrent die gelukkige lewe en verskeie plekke en belonings in die hemel, ooreenkomstig

elkeen se mate van geloof, gepreek. Nogtans, kon ek nie oor alles wat ek geleer het, in volle besonderhede preek nie.

Die rede waarom God my toelaat om die geheime van die geestelike koninkryk deur middel van hierdie boek bekend te maak, is om soveel as moontlik siele na die hemel, wat so helder en pragtig soos kristal is, te lei.

Ek gee al die dank en eer aan God wie my toegelaat het om Hemel I: So Helder en Pragtig soos Kristal, 'n beskrywing van 'n plek wat so helder en pragtig soos kristal is, gevul met God se saligheid, te kon publiseer. Ek vertrou dat jy God se groot liefde sal besef, wat aan jou die geheime van die hemel sal openbaar en al die mense op die weg van die saligheid sal lei, sodat jy dit ook kan bekom. Ek hoop ook dat jou einddoel die ewige lewe in Nuwe Jerusalem sal wees.

Ek bedank ook vir Geumsun Vin, Direkteur van die Redaksionele Buro en haar personeel, vir die harde werk om die publisering van hierdie boek moontlik te maak. Ek bid in die naam van die Here dat baie siele gered sal word deur hierdie boek, en die ewige lewe in Nuwe Jerusalem sal geniet.

Jaerock Lee

INLEIDING

Hopende dat elkeen van julle God se geduldige liefde sal besef, met die hele gees ten uitvoering, op pad na Nuwe Jerusalem.

NEk gee al my dank en eer aan God wie baie mense gelei het om meer besonderhede omtrent die geestelike koninkryk te leer en na die einddoel, die hemel te beweeg, deur middel van die publikasies, Hel en die twee-deel reeks Hemel.

Hierdie boek bestaan uit tien hoofstukke en laat ons duidelik verstaan aangaande die lewe en skoonheid, asook die verskillende plekke in die hemel, en belonings toegeken ooreenkomstig die mate van jou geloof. Dit is wat God aan Pastoor Dr. Jaerock Lee, deur die Heilige Gees openbaar het.

Hoofstuk 1 "Hemel: So Helder en Pragtig soos Kristal" beskryf die ewige vreugde in die hemel, deur na die algemene voorkoms daarvan te kyk, waar daar geen son of maan nodig is om te skyn nie.

Hoofstuk 2 "Die Tuin van Eden en die Wagplek van die Hemel" verduidelik die ligging, voorkoms en lewe in die Tuin van Eden, om jou te help om die hemel beter te verstaan. Hierdie hoofstuk vertel jou meer omtrent God se geestelike plan en voorsienigheid, deur die boom van die kennis van goed en kwaad, die sonde en die ontwikkeling van menslike wesens daar saam te plaas. Verder, vertel dit jou meer omtrent die Wagplek waar geredde siele tot die Oordeelsdag wag, tesame met die lewe daar, asook watter soort mense Nuwe Jerusalem ingaan, sonder om daar te wag.

Hoofstuk 3 "Die Sewe-jaar Huweliksbanket" verduidelik Jesus Christus se Wederkoms, die Sewe-jaar Groot Beproewing, die Here se wederkoms na die aarde, die Millennium en die ewige lewe daarna.

Hoofstuk 4 "Geheime van die Hemel Verborge Sedert die Skepping" dek die geheime van die hemel wat onthul word deur die gelykenisse van Jesus, en vertel vir jou hoe om die hemel te bemagtig, waar daar baie woonplekke is.

Hoofstuk 5 "Hoe Sal Ons in die Hemel Lewe?" verduidelik die dikte, gewig en velkleur van die geestelike liggaam, en hoe ons sal lewe. Met verskeie voorbeelde van die vreugdevolle lewe in die hemel, moedig hierdie hoofstuk jou aan om met mag na die hemel te hunker en uit te sien.

Hoofstuk 6 "Paradys" verduidelik die Paradys wat die laagste vlak van die hemel is, nog steeds 'n mooier en gelukkiger plek as hierdie wêreld. Dit beskryf ook die soort mense wie die Paradys sal ingaan.

Hoofstuk 7 "Die Eerste Koninkryk van die Hemel" verduidelik die lewe en belonings van die Eerste Koninkryk, wat hulle wie Jesus Christus aangeneem het en probeer het om volgens God se woord te lewe, sal huisves.

Hoofstuk 8 "Die Tweede Koninkryk van die Hemel" delf in die lewe en belonings van die Tweede Koninkryk, waar hulle wie nie die heiligheid volkome ten uitvoer gebring het nie, maar hulle pligte nagekom het, sal ingaan. Dit beklemtoon ook die belangrikheid van gehoorsaamheid, en om jou pligte uit te voer.

Hoofstuk 9 "Die Derde Koninkryk van die Hemel" verduidelik die skoonheid en vreugde van die Derde Koninkryk, Wat onvergelykbaar met die Tweede Koninkryk is. Die Derde Koninkryk is die plek vir hulle wie al hulle sondes verwerp het – selfs die sondes wat in hulle natuur was – deur hulle eie pogings en die Heilige Gees se hulp. Dit verduidelik die liefde van God, wie toetse en beproewinge toelaat.

Laastens, Hoofstuk 10 "Nuwe Jerusalem" stel Nuwe Jerusalem voor, die mooiste en heerlikste plek in die hemel, waar God se Troon geplaas is. Dit beskryf die soort mense wie Nuwe Jerusalem sal ingaan. Hierdie hoofstuk sluit af vir die lesers, met twee voorbeelde van huise van mense, wie Nuwe Jerusalem sal ingaan.

God het die hemel wat helder en pragtig soos kristal is, vir Sy geliefde kinders voorberei. Hy wil so veel as moontlik mense gered sien, en sien uit dat Sy kinders Nuwe Jerusalem sal ingaan.

Ek hoop in die naam van die Here dat alle lesers van Hemel I: So Helder en Pragtig soos Kristal, sal God se groot liefde besef, die hele gees met God se hart ten uitvoer bring, en vuriglik na Nuwe Jerusalem beweeg.

Geumsun Vin
Direkteur van die Redaksionele Buro

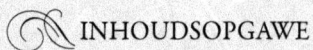
INHOUDSOPGAWE

VOORWOORD

INLEIDING

Hoofstuk 1 **Hemel: So Helder en Pragtig soos Kristal** • 1

Hoofstuk 2 **Die Tuin van Eden en die Wagplek van die Hemel** • 21

Hoofstuk 3 **Die Sewe-jaar Bruiloffees** • 47

Hoofstuk 4 **Geheime van die Hemel Verborge Sedert die Skepping** • 69

Hoofstuk 5 **Hoe Sal Ons in die Hemel Lewe?** • 97

Hoofstuk 6 **Paradys** • 123

Hoofstuk 7 **Die Eerste Koninkryk van die Hemel** • 139

Hoofstuk 8 **Die Tweede Koninkryk van die Hemel** • 153

Hoofstuk 9 **Die Derde Koninkryk van die Hemel** • 169

Hoofstuk 10 **Nuwe Jerusalem** • 185

Hoofstuk 1

Hemel:
So Helder en Pragtig soos Kristal

1. Nuwe Hemel en Nuwe Aarde

2. Die Rivier met die Water van die Lewe

3. Die Troon van God en die Lam

Toe het die engel my die rivier met die water van die lewe gewys. Dit is helder soos kristal en dit stroom uit die troon van God en van die Lam uit. Tussen die hoofstraat van die stad aan die een kant en die rivier aan die ander kant staan die boom van die lewe. Hy dra twaalf keer per jaar vrugte: elke maand lewer hy sy vrugte. Die blare van die boom bring genesing vir die nasies. Daar sal niks meer wees wat deur God vervloek is nie. Die troon van God en van die Lam sal in die stad wees, en sy dienaars sal Hom dien. Hulle sal Hom sien, en sy Naam sal op hulle voorkoppe wees. Daar sal nie meer nag wees nie. Die mense het nie die lig van 'n lamp en die lig van die son nodig nie, omdat die Here God hulle sal verlig, en hulle sal tot in alle ewigheid regeer.

- Die Openbaring 22:1-5 -

Baie mense wonder en vra, "Dit word gesê dat ons 'n ewige en gelukkige lewe in die hemel kan hê – maar wat se soort plek is dit?" Indien jy na die getuienisse van hulle wie reeds hemel toe was, luister, kan jy hoor dat die meeste van hulle het deur 'n lang tonnel gegaan. Dit is omdat die hemel in die geestelike koninkryk is, wat baie verskil van die wêreld waarin jy lewe.

Hulle wie in hierdie drie-dimensionele wêreld lewe, ken nie die hemel in die fynste besonderhede nie. Jy ken hierdie wonderlike wêreld, bokant die drie-dimensionele wêreld, slegs wanneer God jou daarvan vertel of wanneer jou geestelike oë geopen word. Indien jy hierdie geestelike koninkryk breedvoerig ken, sal nie alleenlik jou siel gelukkig wees nie, maar jou geloof sal vinnig groei en jy sal deur God geliefd wees. Dus, Jesus het vir jou die geheime van die hemel deur middel van baie gelykenisse vertel, terwyl die apostel Johannes in die Boek, Die Openbaring, die hemel breedvoerig bespreek het.

Dan, watter soort plek is die hemel en hoe gaan mense daar lewe? Jy sal kortliks 'n samevatting van die hemel kry, so helder en pragtig soos kristal, wat God voorberei het om Sy liefde ewigdurend met Sy kinders te deel.

1. Nuwe Hemel en Nuwe Aarde

Die eerste hemel en die eerste aarde wat God geskep het, was so helder en pragtig soos kristal, maar dit was vervloek as gevolg van die eerste mens, Adam se ongehoorsaamheid. Verder, snel uitbreiding van industrisalisasie en die ontwikkeling van die wetenskap en tegnologie het hierdie aarde besoedel, en meer mense vra deesdae vir die natuur se beskerming.

Daarom, met die verloop van tyd, sal God die eerste hemel en die eerste aarde opsy skuif, en 'n nuwe hemel en aarde ontvou. Selfs, alhoewel hierdie aarde besoedel en beroerd geword het, word dit steeds benodig om ware kinders van God te kweek, wie die hemel kan en wil ingaan.

In die begin het God die aarde geskep, en daarna die mens, wie hy na die Tuin van Eden gelei het. Hy het hom maksimum vryheid gegee en alles in oorvloed toegelaat, maar hy mag nie van die boom van kennis van goed en kwaad eet nie. Die mens, het nogtans die enigste ding wat God hom verbied het, ontheilig, en was gevolglik uitgedrywe na die aarde, die eerste hemel en die eerste aarde toe.

Omdat die Almagtige God geweet het dat die menslike wesens die weg van die dood sal bewandel, het Hy Jesus Christus selfs voor die ontstaan van tyd, voorberei en Hom na die aarde op die gepaste tyd gestuur.

Dus, wie ookal vir Jesus Christus, wie gekruisig en opgewek was, aanneem, sal getransformeer word in 'n nuwe skepping en na die nuwe hemel gaan en 'n ewige lewe geniet.

Blou Hemelruim van die Nuwe Hemel so Helder soos Kristal

Die hemelruim van die nuwe hemel wat God voorberei het, is gevul met skoon lug om waarlik helder en suiwer te maak, anders as die lug van hierdie wêreld. Stel jou voor, 'n helder en hoë hemelruim met suiwer wit wolke. Hoe wonderlik en lieflik sal dit wees!

Waarom wil God dan die nuwe hemelruim blou maak? Geestelik, die kleur blou maak dat jy diepte, hoogte en suiwerheid kan voel. Water is so suiwer, omdat dit blou vertoon. Wanneer jy na die blou hemelruim kyk, kan jy voel dat dit jou hart verfris. God maak die hemelruim van hierdie wêreld blou, omdat Hy jou hart reinig en vir jou die hart gee, om na die Skepper te kyk. Indien jy kan bely, en opky na die blou, helder hemelruim, "My Skepper moet daar bo wees. Hy maak alles so pragtig!" dan sal jou hart gereinig word, en jy sal genoodsaak wees om 'n goeie lewe te lei.

Wat indien die hele hemelruim geel was? In plaas daarvan om gemaklik te voel, sou mense ongemaklik en verward voel, en sommiges mense mag dalk as gevolg van geestelike probleme ly. Eweneens, mense se gemoed kan ooreenkomstig verskillene kleure verander, verfris word of verward raak. Dit is waarom God die hemelruim van die nuwe hemel blou gemaak het, met suiwer wit wolke, sodat Sy kinders daartoe in staat sal wees om gelukkig daar te woon, met harte wat so helder en pragtig soos kristal is.

Nuwe Aarde in die Hemel Gemaak van Suiwer Goud en Juwele

Dus, hoe sal die nuwe aarde in die hemel lyk? Op die nuwe aarde in die hemel, wat God skoon en helder soos kristal gemaak het, is daar geen grond of stof nie. Die nuwe aarde is slegs uit suiwer goud en juwele saamgestel. Hoe bekoorlik moet dit wees om in die hemel te wees, waar die paaie blink omdat dit van suiwer goud en juwele gemaak is!

Hierdie aarde is gemaak van grond, wat met die verloop van tyd kan verander. Hierdie verandering laat jou leer van betekenisloosheid en die dood. God laat alle plante toe om te groei, vrugte te dra en in die grond te vergaan, sodat jy moet besef dat die lewe op hierdie aarde ook 'n einde het.

Die hemel is van suiwer goud en juwele gemaak, wat onveranderlik is, omdat die hemel 'n ware en ewigdurende wêreld is. Net soos wat plante op die aarde groei, so sal plante ook in die hemel groei, wanneer dit daar geplant word. Nogtans, hulle sal nie doodgaan of vergaan soos die plante op hierdie aarde nie.

Bowendien, selfs heuwels en kastele is van suiwer goud en juwele gemaak. Hoe skitterend en pragtig moet hulle wees! Jy moet 'n ware geloof hê, sodat jy nie die skoonheid en vreugde van die hemel, wat nie genoegsaam deur enige woorde beskryf kan word, mis nie.

Verdwyning van die Eerste Hemel en die Eerste Aarde

Wat sal van die eerste hemel en eerste aarde word, wanneer hierdie nuwe hemel en nuwe aarde verskyn?

Toe het ek 'n groot wit troon gesien en die Een wat daarop sit. Die aarde en die hemel het voor Hom padgegee, en daar was nie meer plek vir hulle nie (Die Openbaring 20:11).

Toe het ek 'n nuwe hemel en 'n nuwe aarde gesien. Die eerste hemel en die eerste aarde het verdwyn, en die see het nie meer bestaan nie (Die Openbaring 21:1).

Wanneer die mense wie op hierdie aarde ontwikkel het, geoordeel sal word as goed of sondig, sal die eerste hemel en die eerste aarde verdwyn. Dit beteken nie dat hulle totaal sal verdwyn nie, maar in plaas daarvan, na 'n ander plek verskuif word.

Dus, waarom wil God dan die eerste hemel en die eerste aarde verskuif, in plaas daarvan om volkome daarvan ontslae te raak? Dit is omdat Sy kinders wie in die hemel woon, die eerste hemel en die eerste aarde sal mis, indien Hy hulle totaal sou verwyder. Selfs al het hulle soms droefheid en ontberings in die eerste hemel en op die eerste aarde deurgemaak, sal hulle somtyds dit mis, omdat dit eens op 'n tyd hulle wonings was. Dus, met dit in gedagte sal die God van liefde, dit net na 'n ander deel van die heelal verskuif, sonder om heeltemal daarvan ontslae te raak.

Die heelal waarin jy lewe is 'n eindlose wêreld, terwyl daar so baie ander heelalle ook bestaan. Dus God sal die eerste hemel en die eerste aarde na een uithoek van die heelalle verskuif, en Sy kinders toelaat om dit te besoek, soos nodig.

Daar Is Geen Trane, Droefheid, Dood of Siektes

Die nuwe hemel en die nuwe aarde, waar God se kinders wie deur geloof gered is, sal woon, dra geen vloek nie en is vol vreugde. In Die Openbaring 21:3-4, vind jy dat daar geen trane, droefheid, dood, rou of siektes in die hemel is nie, omdat God daar is.

Toe het ek 'n harde stem van die troon af hoor sê: "Kyk, die woonplek van God is nou by die mense. Hy sal by hulle bly; hulle sal sy volke wees, en God self sal by hulle wees as hulle God. Hy sal al die trane van hulle oë afdroog. Die dood sal daar nie meer wees nie. Ook leed smart en pyn sal daar nie meer wees nie. Die dinge van vroeër het verbygegaan."

Hoe treurig sal dit nie wees indien jy hongerly en selfs jou kinders huil oor voedsel, omdat hulle honger is? Watter doel sal dit hê, indien iemand kom en sê, "Jy is so honger dat jy trane stort" en jou trane afdroog, maar jou niks gee nie? Wat, dan, sal ware hulp hier wees? Hy moet vir jou en jou kinders iets gee om te eet, sodat julle nie meer hongerly nie. Eers na dit, sal jou en jou kinders se trane opdroog.

Eweneens, om te sê dat God al die trane van jou oë sal afdroog, beteken dat indien jy gered is en hemel toe gaan, sal daar nie meer bekommernisse en besorgdhede wees nie, omdat daar geen trane, droefheid, dood, rou of siektes in die hemel is nie.

Aan die een kant, of jy in God glo al dan nie, sal jy met 'n mate van droefheid op hierdie aarde moet lewe. Wêreldse mense sal baie bedroef raak, selfs wanneer hulle die kleinste opoffering moet maak, sal hulle swaarkry. Aan die ander kant, hulle wat glo sal in liefde, rou en barmhartigheid toon, teenoor hulle wie nog gered moet word.

Wanneer jy hemel toe gaan, egter, sal jy nie nodig hê om bekommerd te wees oor dood, of ander mense se sondigheid en hulle ewige verderf nie. Jy sal nie nodig hê om as gevolg van sondes te ly nie, dus kan daar nie enige soort droefheid wees nie.

Op hierdie aarde, wanneer jy hartseer is, rou jy. In die hemel,egter, is daar nie 'n rede om te rou nie, omdat daar geen siektes of besorgdhede is nie. Daar sal net ewigdurende vreugde wees.

2. Die Rivier met Water van die Lewe

In die hemel, die Rivier met die Water van die Lewe, so helder soos kristal, vloei in die middel van die hoofstraat. Die Openbaring 22:1-2 verduidelik hierdie Rivier met die Water van die Lewe, en jy moet gelukkig wees om dit net vir jou te kan voorstel.

Toe het die engel my die rivier met die water van die lewe gewys. Dit is helder soos kristal en dit stroom uit die troon van God en van die Lam uit. Tussen die hoofstraat van die stad aan die een kant en die rivier aan die ander kant staan die boom van die lewe. Hy dra twaalf keer per jaar vrugte: elke maand lewer hy sy vrugte. Die blare van die boom bring genesing vir die nasies.

Ek het een keer in die helder see van die Stille Oseaan geswem, en die water was so helder dat ek die plante en visse daarin kon sien. Dit was so pragtig dat ek so gelukkig was om daarin te kon wees. Selfs in hierdie wêreld kan jy voel hoe jou hart verfris en gereinig word, wanneer jy na helder water kyk. Hoeveel gelukkiger sal jy nie in die hemel wees, waar die Rivier met die Water van die Lewe, wat so helder soos kristal is, in die middel van die hoofstraat vloei nie!

Die Rivier met die Water van die Lewe

Selfs in hierdie wêreld, wanneer jy na die skoon see kyk, word die sonskyn deur die rimpeleffek weerkaats, en blink te pragtig. Die Rivier met die Water van die Lewe in die hemel lyk vanaf 'n afstand baie blou, maar wanneer jy dit van nader beskou, is dit so helder, pragtig, vlekkeloos en suiwer sodat jy die uitdrukking van "helder soos kristal" werklik kan gebruik.

Waarom, dan, vloei hierdie Rivier met die Water van die Lewe uit die Troon van God en van die Lam? Geestelik verwys die water na God se woord, wat die voedsel van die lewe is, en jy verkry deur God se woord die ewige lewe. Jesus sê in Johannes 4:14, "Maar wie van die water gedrink het wat Ek hom sal gee, sal in alle ewigheid nooit dors kry nie. Nee, die water wat Ek hom sal gee, sal in hom 'n fontein wees met water wat opborrel en vir hom die ewige lewe gee." God se woord is die Ewige Lewe wat vir jou lewe gee, en dit is waarom die Rivier met die Water van die Lewe, vanaf die Troon van God en die Lam uitvloei.

Hoe, dan, sal die Water van die Lewe smaak? Is dit iets so lieflik dat jy dit nie in hierdie wêreld kan ervaar nie, en jy sal energiek voel nadat jy dit gedrink het. God het die Water van die Lewe vir die mensdom gegee, maar na die val van Adam was water op hierdie aarde, tesame met baie ander dinge vervloek. Sedertdien, het mense nog nie die geleentheid gehad om die Water van die Lewe op hierdie aarde te smaak nie. Jy sal slegs dit kan smaak nadat jy hemel toe gegaan het. Mense op hierdie aarde drink besoedelde water, en hulle gebruik kunsmatige drankies soos koeldranke in plaas van water. Eweneens, water op hierdie aarde kan nooit die ewige lewe gee nie, maar die Water van die Lewe in die hemel, God se woord, kan die ewige lewe gee. Dit is soeter as heuning en druppels van die heuningkoek, gee aan jou gees krag.

Die Rivier Vloei Reg Rondom die Hemel

Die Rivier met die Water van die Lewe wat vanaf die Troon van God en van die Lam vloei, is dieselfde soos die bloed wat lewe gee, deur in jou liggaam te sirkuleer. Dit vloei reg rondom die hemel in die hoofstraat, en beweeg terug na die Troon van God toe. Waarom, dan, sal die Rivier met die Water van die Lewe reg rondom die hemel in die hoofstraat vloei?

Eerstens, die Rivier met die Water van die Lewe, is die maklikste weg om na God se Troon te gaan. Daarom, om na Nuwe Jerusalem te gaan waar God se Troon gesetel is, moet jy net die straat volg, met die rivier weerskante, wat van suiwer goud gemaak is.

Tweedens, God se woord is die weg na die hemel, en jy kan die hemel alleenlik ingaan, wanneer jy hierdie weg van God se woord volg. Soos Jesus in Johannes 14:6 sê, "Ek is die weg en die waarheid en die lewe. Niemand kom na die Vader toe behalwe deur My nie," daar is die weg na die hemel in God se woord van waarheid. Wanneer jy volgens God se woord handel, kan jy die hemel ingaan waar God se woord, die Rivier met die Water van die Lewe, vloei.

Eweneens, God het die hemel op so 'n wyse ontwerp, dat deur net die Rivier met die Water van die Lewe te volg, kan jy Nuwe Jerusalem bereik wat die Troon van God huisves.

Goud en Silwer Sand op die Rivieroewer

Wat sal daar op die oewer van die Rivier met die Water van die Lewe wees? Jou eerste gewaarwording is die goud en silwer sand wat ver en wyd versprei is. Sand in die hemel is rond en so sag sodat dit nie enigsins aan jou klere sal kleef, selfs al sal jy daarop baljaar.

Verder is daar ook baie gemaklike banke met goud en juwele versier. Wanneer jy op die banke saam met jou geliefde vriende sit, en 'n salige gesprek voer, sal pragtige engele jou bedien.

Op hierdie aarde bewonder jy engele, maar in die hemel sal die engele jou aanspreek as "meester" en jou na smaak bedien. Indien jy vrugte wil hê, sal die engel vir jou vrugte vinnig in 'n mandjie bring, wat met juwele of blomme versier is, en dit aan jou oorhandig.

Verder, aan weerskante van die Rivier met die Water van die Lewe is pragtige blomme met baie verskillende kleurskakerings, voëls, insekte en diere. Hulle bedien jou ook soos 'n meester en jy kan jou liefde met hulle deel. Hoe wonderlik en pragtig is hierdie hemel, met die Rivier met die Water van die Lewe!

Die Boom van die Lewe Weerskante van die Rivier

Die Openbaring 22:1-2 verduidelik volledig die boom van die lewe, aan weerskante van die Rivier met die Water van die Lewe.

Toe het die engel my die rivier met die water van die lewe gewys. Dit is helder soos kristal en dit stroom uit die troon van God en van die Lam uit. Tussen die hoofstraat van die stad aan die een kant en die rivier aan die ander kant staan die boom van die lewe. Hy dra twaalf keer per jaar vrugte: elke maand lewer hy sy vrugte. Die blare van die boom bring genesing vir die nasies.

Waarom, dan, het God die boom van die lewe, wat twaalf keer vrugte dra, aan weerskante van die rivier geplaas?

In die eerste plek, God wou hê dat Sy kinders wie in die hemel ingegaan het, die mooi en die lewe in die hemel moes ervaar. Hy wou ook gehad het dat hulle daaraan herinner word dat hulle die vrugte van die Heilige Gees dra, wanneer hulle ooreenkomstig

God se woord handel, net soos wat hulle voedsel in die sweet van hulle aangesig kon eet.

Jy moet een ding hier besef. Om twaalf keer vrugte te dra, beteken nie dat een boom dit gedra het nie, maar twaalf verskillende bome van die lewe het elkeen vrugte gedra. In die Bybel kan jy sien dat twaalf geslagte van Israel was gevorm deur Jakob se twaalf seuns, en deur hierdie twaalf geslagte was die nasie van Israel gevorm, en die nasies wat Christenskap aanvaar het, het reg oor die wêreld tot stand gekom. Selfs Jesus het twaalf dissipels uitgekies, en die evangelie was deur hulle en hulle dissipels verkondig en versprei.

Daarom, twaalf oeste van die boom van die lewe simboliseer dat enigiemand van enige nasie, indien hy die geloof navolg, kan vrugte van die Heilige Gees dra, en die hemel ingaan.

Indien jy pragtige en kleurvolle vrugte van die boom van die lewe eet, sal jy verfris en gelukkiger voel. Ook, sodra dit gepluk word, sal 'n ander een dit vervang, sodat dit nooit klaar raak nie. Die blare van die boom van die lewe is donkergroen en helder, en sal altyd so bly, omdat dit nie iets is wat sal afval of eetbaar is nie. Hierdie groen en helder blare is baie groter as die blare van hierdie wêreld se bome, en hulle groei op 'n baie orderlike wyse.

3. Die Troon van God en van die Lam

Die Openbaring 22:3-5 beskryf die ligging van die Troon van God en van die Lam, in die middel van die hemel.

Daar sal niks meer wees wat deur God vervloek is nie. Die troon van God en van die Lam sal in die stad wees, en sy dienaars sal Hom dien. Hulle sal Hom sien, en sy Naam sal op hulle voorkoppe wees. Daar sal nie meer nag wees nie. Die mense het nie die lig van 'n lamp en die lig van die son nodig nie, omdat die Here God hulle sal verlig, en hulle sal tot in alle ewigheid regeer.

Die Troon Is in die Middel van die Hemel

Die hemel is die ewige plek waar God met liefde en geregtigheid regeer. In Nuwe Jerusalem in die middel van die hemel, dit is waar die Troon van God en van die Lam, gesetel is. Die Lam hier verwys na Jesus Christus (Eksodus 12:5; Johannes 1:29; 1 Petrus 1:19).

Nie elkeen kan by die plek waar God gewoonlik bly, ingaan nie. Dit is gesetel in 'n ander omgewing van 'n ander grootte, van Nuwe Jerusalem. God se Troon in hierdie plek is nog mooier en helderder as die een in Nuwe Jerusalem.

God se Troon in Nuwe Jerusalem is waarheen God Homself afkom, wanneer Sy kinders aanbid of bankette het. Die Openbaring 4:2-3 verduidelik God se sitting op Sy Troon.

Onmiddellik is ek deur die Gees meegevoer. Ek het gesien daar staan 'n troon in die hemel en op die troon sit daar Iemand. Sy voorkoms was soos opaal en karneool. Om die troon was daar 'n reënboog met die glans van smarag.

Rondom die Trone het vier en twintig ouderlinge gesit, geklee in wit klere met goue krone op hulle koppe. Voor die Troon was die sewe Geeste van God, dit was soos 'n spieëlgladde see, helder soos kristal. In die middel en rondom die Troon was daar vier lewende wesens, asook baie hemelse dienaars en engele.

Verder, God se Troon is met ligte bedek. Dit is so pragtig, wonderlik, verhewe, deftig en groot sodat dit verby die menslike begrip is. Ook, aan die regterkant van God se Troon is die Troon van die Lam, ons Here Jesus. Dit verskil beslis van God se Troon, maar God die Drie-eenheid, die Vader, Seun en die Heilige Gees het dieselfde hart, karaktertrekke en krag.

Meer besonderhede omtrent God se Troon sal in Die Tweede Boek van Hemel, getiteld "Gevul met God se Heerlikheid," verduidelik word.

Geen Nag en Geen Dag

God regeer oor die hemel en die heelal met Sy liefde en regverdigheid, vanaf Sy Troon, wat met die heilige en pragtige llig van die heerlikheid, verhelder is. Die Troon is in die middel van die hemel, en langs die Troon van God is die Troon van die Lam, en dit straal ook die lig van heerlikheid uit. Daarom, die hemel benodig nie die son of die maan, of enige ander lig of elektrisiteit om op dit te skyn nie. Daar is geen nag of dag in die hemel nie.

Nietemin, Hebreërs 12:14 dring daarop aan, "Beywer julle vir vrede met alle mense asook vir 'n heilige lewe, waarsonder niemand die Here sal sien nie." In Matteus 5:8 belowe Jesus jou, "Geseënd is dié wat rein van hart is, want hulle sal God sien."

Daarom, daardie gelowiges wie alle sonde uit hulle harte verwerp, en God se woord volkome gehoorsaam, kan God se aangesig sien. Tot die mate wat hulle die Here in hierdie wêreld navolg, sal gelowiges in hierdie wêreld geseën word en ook nader aan God se Troon in die hemel lewe.

Hoe gelukkig sal mense wees om God se gesig te kan sien,

Hom te dien en liefde met Hom vir altyd te deel! Nogtans, net soos wat jy nie direk na die son kan kyk nie, omdat dit te skerp lig is, kan hulle wie nie met die Here se hart ooreenkom nie, vir God van 'n naby afstand sien nie.

Geniet Ware Vreugde vir Altyd in die Hemel

Jy kan ware vreugde geniet met alles wat jy in die hemel doen, omdat dit die beste geskenk is wat God met sy groot liefde vir Sy kinders voorberei het. Engele sal die kinders van God dien, soos wat dit in Hebreërs 1:14 sê, "Is hulle dan nie almal geeste in diens van God, wat Hy uitstuur om dié te dien wat die saligheid gaan beërf nie?" Soos wat mense verskillende mates van geloof het, sal die grootte van die huise en die aantal versorgende engele verskil, ooreenkomstig tot die mate wat die mense met God ooreenkom.

Hulle sal gedien word soos prinse en prinsesse, omdat die engele die gedagtes van hulle meesters, aan wie hulle toegewys is, sal lees en enigiets wat hulle wil hê, sal voorberei. Bowendien, diere en plante sal vir die kinders van God lief wees en hulle dien. Diere in die hemel sal God se kinders onvoorwaardelik gehoorsaam wees, en soms probeer om kostelike dinge te doen, om hulle te vermaak, omdat hulle geen sonde het nie.

Wat omtrent die plante in die hemel? Elke plant het 'n lieflike en uitsonderlike geur, en wanneer ookal God se kinders hulle nader, stel hulle daardie geur vry. Blomme stel vir God se kinders die beste geur vry, en dit versprei selfs na ver plekke toe. Die reuk word ook weer herskep, sodra dit vrygestel word.

Ook, die vrugte van die twaalf soorte bome van die lewe, het hulle eie smake. Indien jy die geur van die blomme ruik, en eet van die boom van die lewe, word jy so verfris en gelukkig dat dit nie met enigiets in hierdie wêreld vergelyk kan word nie.

Verder, anders as die plante van hierdie wêreld sal die plante in die hemel glimlag, wanneer God se kinders hulle nader. Hulle sal selfs vir hulle meester dans en die mense kan ook met hulle gesprekke voer.

Selfs indien iemand enige blom pluk, sal dit nie seerkry of hartseer wees nie, maar spoedig weer deur God se krag herstel. Die blom wat gepluk is, sal in die lug oplos en verdwyn. Die vrugte wat die mense eet, sal ook oplos as lieflike geure en deur asemhaling verdwyn.

Daar is vier seisoene in die hemel, en mense kan die seisoenveranderings geniet. Mense sal die liefde van God ervaar, en die spesiale kenmerke van elke seisoen, lente, somer, herfs en winter geniet. Nou mag iemand vra, "Sal ons nog die hitte in die somer, en die koue in die winter moet verduur?" Die weer in die hemel vorm die perfekte toestande vir God se kinders om in te lewe, dus sal hulle nie weens die hitte of koue ly nie. Alhoewel geestelike liggame nie warmte of koue in koue of warm plekke kan voel nie, kan hulle steeds die koue of warm lug voel. Dus, niemand sal as gevolg van die warm of koue weer in die hemel ly nie.

Gedurende herfs kan God se kinders die pragtige vallende blare geniet, en in die winter kan hulle wit sneeu sien. Hulle sal in staat wees om die skoonheid te geniet, wat baie mooier as enigiets anders in hierdie wêreld is. Die rede waarom God vier seisoene in die hemel gemaak het, is om Sy kinders te laat weet dat alles wat hulle wil hê, vir hulle plesier in die hemel gereed is. Dit is ook 'n voorbeeld van Sy liefde om Sy kinders gelukkig te maak, indien hulle die aarde mis, waar hulle ontwikkel is, voordat hulle God se ware kinders geword het.

Die hemel is in die vier-dimensionele wêreld, wat nie met hierdie wêreld vergelyk kan word nie. Dit is vol van God se liefde en krag, en het eindelose gebeurtenisse en bedrywighede wat mense hulle nie kan voorstel nie. In hoofstuk 5 sal jy meer omtrent die gelowiges se ewigdurende gelukkige lewens leer.

Slegs hulle wie se name in die Lam se boek van die lewe opgeteken is, kan die hemel ingaan. Soos geskrywe staan in die boek, Die Openbaring 21:6-8, slegs hy wie van die Water van die Lewe drink en God se kind word, kan die koninkryk van God erf.

Verder sê Hy vir my: "Dit het klaar gebeur. Ek is die Alfa en die Omega, die Begin en die Einde. Aan elkeen wat dors het, sal Ek te drinke gee uit die fontein met die water van die lewe, verniet. Elkeen wat die oorwinning behaal, sal dit alles kry, en Ek sal sy God wees, en hy sal my seun wees.

Maar dié wat bang en ontrou geword het, die losbandiges, moordenaars en onsedelikes, bedrieërs en afgodsdienaars en al die leuenaars, hulle lot is die poel wat met vuur en swael brand, dit is die tweede dood."

Dit is 'n noodsaaklike plig van die mens om God te vrees, en sy gebooie te gehoorsaam (Prediker 12:13). Dus indien jy nie vir God vrees, of Sy gebooie verbreek en aanhou sondig, selfs terwyl jy weet dat jy sondig, kan jy nie die hemel ingaan nie. Sondige mense, moordenaars, onsedelikes, towenaars en afgodsdienaars wie verby die gesonde verstand is, sal beslis nie hemel toe gaan nie. Hulle ignoreer God, dien bose geeste en glo in vreemde gode, terwyl hulle die vyandige Satan en die duiwel volg.

Ook, hulle wie vir God lieg en Hom mislei, en teen die Heilige Gees praat en laster, sal nooit die hemel ingaan nie. Soos ek in die boek Hel verduidelik het, sal hierdie mense ewige foltering in die hel ly en ervaar.

Daarom, bid ek in die naam van die Here dat jy nie alleen Jesus Christus sal aanneem en die reg as 'n kind van God verkry nie, maar ook die ewigdurende vreugde in hierdie hemel, wat kristalhelder is deur God se woord te volg, sal geniet.

Hoofstuk 2

Die Tuin van Eden en die Wagplek van die Hemel

1. Die Tuin van Eden Waar Adam Gewoon het

2. Mense is op die Aarde Ontwikkel

3. Die Wagplek van die Hemel

4. Mense Wie Nie in die Wagplek Bly nie

Die HERE God
het toe 'n tuin in Eden in die ooste aangelê en
die mens wat Hy gevorm het, daar laat woon.
Die Here God het verder allerlei bome, mooi
om na te kyk en lekker om van te eet, uit die
grond laat uitspruit, ook die boom van die
lewe in die middel van die tuin, en die boom
van alle kennis.

- Genesis 2:8-9 -

Adam, die eerste mens wie God geskep het, het in die Tuin van Eden as 'n lewende gees gewoon, en met God gekommunikeer. Na die verloop van tyd, egter, het Adam 'n sonde van ongehoorsaamheid gepleeg, deur van die boom van die kennis van goed en kwaad te eet, wat God verbied het. As gevolg daarvan, het sy gees, die meester van die mens, gesterf. Hy was uit die Tuin van Eden uitgedrywe, en moes op die aarde kom woon. Nou was die geeste van Adam en Eva dood, en die kommunikasie met God was verbreek. Deur op hierdie vervloekte land te lewe, hoeveel het hulle die Tuin van Eden gemis?

Die alwetende God het vooraf van Adam se ongehoorsaamheid geweet en Jesus Christus voorberei, om sodoende die weg na saligheid te bewerkstellig, wanneer die tyd kom. Enigiemand wie deur die geloof gered word, sal die hemel, wat nie eers met die Tuin van Eden vergelyk kan word nie, ingaan.

Nadat Jesus opgewek is en hemel toe gevaar het, het hy 'n wagplek gemaak waar hulle wie gered word, kon bly tot die Oordeelsdag deur woonplekke vir hulle voor te berei. Laat ons na die Tuin van Eden en die Wagplek van die hemel kyk, om sodoende die hemel beter te verstaan.

1. Die Tuin van Eden Waar Adam Gewoon het

Genesis 2:8-9 verduidelik die Tuin van Eden. Dit is waar die eerste man en vrou, Adam en Eva, wie deur God geskep is, gewoon het.

Die HERE God het toe 'n tuin in Eden in die ooste aangelê en die mens wat Hy gevorm het, daar laat woon. Die Here God het verder allerlei bome, mooi om na te kyk en lekker om van te eet, uit die grond laat uitspruit, ook die boom van die lewe in die middel van die tuin, en die boom van alle kennis.

Die Tuin van Eden was 'n plek waar Adam, 'n lewende gees, sou woon, dus moes dit iewers in die geestelike wêreld gemaak word. Dus, waar is die Tuin van Eden, woonplek van die eerste mens, Adam, regtig vandag gesetel?

Die Ligging van die Tuin van Eden

God het baie plekke in die Bybel genoem van "hemele," sodat jy kan weet daar is plekke in die geestelike wêreld, verder as die hemelruim wat jy met die blote oog kan sien. Hy het die woord "hemele" gebruik, sodat jy kan verstaan dat die ruimtes aan die geestelike wêreld behoort.

Die hemel, selfs die hoogste hemel, behoort aan die Here jou God, ook die aarde en alles daarop (Deuteronomium 10:14).

Dit is die Here wat met sy krag die aarde gemaak het, wat met sy wysheid die wêreld gevestig het en met insig die hemel oopgesprei het (Jeremia 10:12).

Prys Hom, hoogste hemele, en waters in die hoë hemelruim! (Psalm 148:4)

Daarom, jy moet verstaan dat "hemele" nie alleen beteken die hemelruim wat met jou blote oë sigbaar is nie. Dit is die Eerste Hemel waar die son, maan en die sterre gesetel is, terwyl die Tweede en Derde Hemel aan die geestelike wêreld behoort. In 2 Korintiërs 12, praat die apostel Paulus van die Derde Hemel. Die hele hemel vanaf die Paradys tot Nuwe Jerusalem is in die Derde Hemel geleë.

Die apostel Paulus het na die Paradys gegaan, wat die plek is van hulle wie die minste geloof het, en wat die verste van God se Troon weg is. Daar het hy van die hemel se geheime gehoor. Steeds, het hy getuig dat dit "dinge is waaroor die mens nie toegelaat word om oor te praat nie."

Dus, watter soort van 'n geestelike wêreld is die Tweede Hemel? Dit verskil van die Derde Hemel, en die Tuin van Eden behoort hiertoe. Die meeste mense het gedink dat die Tuin van Eden op die aarde geleë is. Baie Bybelse geleerdes en navorsers doen voortdurend argeologiese navorsing en studies, rondom Mesopotamië en hoër dele van die Eufrat en die Tigrisriviere in die Midde Ooste. Nogtans, het hulle tot dusver niks ontdek nie. Die rede waarom mense nog nie die Tuin van Eden op hierdie aarde kon vind nie, is omdat dit in die Tweede Hemel is, wat aan die geestelike wêreld behoort.

Die Tweede Hemel is ook die plek van die bose geeste, wie uit die Derde Hemel uitgedrywe is, na Satan se opstand. Genesis 3:24 sê, "Die Here God het die mens uitgedrywe, en om die toegang tot die boom van die lewe te bewaak, het Hy oos van die tuin van Eden gerubs gesit, en ook 'n vlammende swaard wat heen en weer beweeg." God het dit gedoen, om die bose geeste te verhoed om die ewige lewe te verkry, deur die Tuin van Eden in te gaan en van die boom van die lewe te eet.

Hekke na die Tuin van Eden

Nou sal jy sekerlik nie verstaan dat die Tweede Hemel bokant die Eerste Hemel is nie, en die Derde Hemel bokant die Tweede Hemel is nie. Jy kan nie die ruimte van die vier-dimensionele wêreld en hoër verstaan, met die kennis en begrip van die derde-dimensionele wêreld nie. Dus, hoe is so baie hemele gestruktureer? Die derde-dimensionele wêreld wat jy sien en die geestelike hemele blyk geskei te wees, maar terselfdertyd oorvleuel hulle en is verbind. Daar is hekke wat die derde-dimensionele wêreld en die geestelike wêreld verbind.

Alhoewel jy dit nie kan sien nie, verbind hekke die Eerste Hemel met die Tuin van Eden in die Tweede Hemel. Daar is ook hekke wat na die Derde Hemel lei. Hierdie hekke is nie baie hoog geleë nie, maar hoofsaaklik ongeveer op die hoogte van die wolke wat jy vanuit 'n vliegtuig kan sien.

In die Bybel kan jy besef, dat daar hekke is wat na die hemel gaan (Genesis 7:11; 2 Konings 2:11; Lukas 9:28-36; Handelinge 1:9; 7:56). So wanneer die hekke van die hemel open, is dit moontlik om op na verskillende hemele in die geestelike wêreld te gaan, en hulle wie deur geloof gered is, kan na die Derde Hemel opgaan.

Dit is dieselfde met die doderyk en die hel. Hierdie plekke behoort ook aan die geestelike wêreld en daar is hekke wat ook na hierdie plekke toe lei. Dus wanneer mense met geen geloof sterf, sal hulle na die Doderyk gaan, wat aan die hel behoort, of direk deur hierdie hekke na die hel toe.

Die Geestelike en Fisiese Omvang se Gelyktydige Bestaan

Die Tuin van Eden, wat aan die Tweede Hemel behoort, is in die geestelike wêreld, maar is verskillend van die Derde Hemel se geestelike wêreld. Dit is nie 'n volmaakte geestelike wêreld nie, omdat dit gelyktydig met die fisiese wêreld kan bestaan.

Met ander woorde, die Tuin van Eden is 'n middelfase tussen die fisiese en die geestelike wêreld. Die eerste mens, Adam, was 'n lewende gees, maar hy het steeds'n fisiese liggaam gehad, wat uit stof gemaak was. Dus Adam en Eva was vrugbaar en het hulle getalle daar vermeerder, deur geboorte te skenk aan kinders soos wat ons doen (Genesis 3:16).

Selfs nadat die eerste mens, Adam van die boom van die kennis van goed en kwaad geëet het en na hierdie wêreld uitgedryf is, het sy kinders in die Tuin van Eden agtergebly en bly hulle as lewende geeste tot vandag toe nog daar, sonder om die dood te ervaar. Die Tuin van Eden is 'n baie vreedsame plek waar daar geen dood bestaan nie. Dit word deur God se krag bedryf, en deur God se reëls en opdragte beheer. Alhoewel daar geen onderskeid tussen dag en nag is nie, weet Adam se afstammelinge op 'n natuurlike wyse, wanneer hulle aktief moet wees, tyd is om te rus ensovoorts.

Ook, die Tuin van Eden het baie dieselfde kenmerke as die aarde. Dit is gevul met plante, diere en insekte. Dit het ook 'n eindelose en pragtige natuur. Nogtans, daar is nie hoë berge nie, net lae heuwels. Op hierdie heuwels is daar huisagtige geboue, maar mense woon nie daar nie, hulle kan net in die geboue rus.

Vakansieplek van Adam en Sy Kinders

Die eerste mens, Adam, het vir 'n baie lang tyd in die Tuin van Eden gewoon, was vrugbaar en het hulle getalle vermeerder.

Sedert Adam en sy kinders lewende geeste geword het, kon hulle vrylik deur die hekke van die Tweede Hemel na hierdie aarde toe afkom.

Omdat Adam en sy kinders hierdie aarde vir 'n lang tyd as hulle vakansieplek besoek het, moet jy besef dat die geskiedenis van die mensdom baie lank is. Sommiges verwar hierdie geskiedenis met die sesduisend jaar-oue geskiedenis van die menslike ontwikkeling, en glo nie in die Bybel nie.

Indien jy sorgvuldig na die verborge antieke beskawings kyk, nietemin, besef jy dat Adam en sy kinders dikwels na hierdie aarde toe afgekom het. Die Piramides en die Sfinks van Giza, Egypt, byvoorbeeld, bevat ook die voetspore van Adam en sy kinders wie in die Tuin van Eden gewoon het. Sulke voetspore word regdeur die wêreld gevind, en is saamgestel met meer kundigheid en gevorderde wetenskap en tegnologie, sodat jy dit nie eers met vandag se moderne wetenskaplike kennis kan naboots nie.

Byvoorbeeld, die Piramides bevat indrukwekkende wiskundige berekeninge, asook geometriese en sterrekundige kennis, wat jy slegs met behulp van gevorderde studies kan vind en verstaan. Hulle bevat baie geheime, wat jy slegs kan ontsyfer indien jy die presiese sterrebeelde en die siklus van die heelal verstaan. Sommige mense ag daardie verborge antieke beskawings as voetspore van vreemdelinge afkomstig vanaf die buitenste ruimte, maar met die Bybel kan jy alle dinge oplos, wat selfs die hedendaagse wetenskap nie kan verstaan nie.

Die Voetspoor van die Beskawing van Eden

Adam het in die Tuin van Eden 'n ondenkbare omvang van

kennis en vaardighede gehad. Dit was as gevolg daarvan dat God vir Adam die ware kennis geleer het, en sulke kennis en begrip vermeerder en ontwikkel met die verloop van tyd. So vir Adam, wie alles van die heelal geweet het en die aarde oorwin het, was dit nooit moeilik gewees om die Piramides en die Sfinks te bou nie. Omdat God vir Adam direk geleer het, het die eerste mens die dinge geweet wat jy steeds nie weet nie, of met die moderne wetenskap begryp nie.

Sommige piramides was deur Adam met vaardighede en kennis gebou, maar ander is deur sy kinders gebou, terwyl daar nog deur mense van hierdie aarde gebou is, nadat hulle na 'n lang tyd probeer het om Adam se piramides na te boots. Al hierdie piramides het bepaalde tegnologiese verskille. Dit is omdat slegs Adam die God-gegewe magtiging gehad het, om alle ontwikkeling te verrig.

Adam het vir 'n baie lang tyd in die Tuin van Eden gewoon en het by geleentheid na die aarde toe afgekom, maar was uit die Tuin van Eden uitgedryf, nadat hy die sonde van ongehoorsaamheid gepleeg het. Nogtans, het God nie die hekke wat die aarde en die Tuin van Eden verbind, kort daarna gesluit nie.

Daarom, het Adam se kinders wie nog in die Tuin van Eden gewoon het, vrylik na die aarde afgekom en van die mense se dogters as hulle vroue geneem (Genesis 6:1-4).

Toe het God die hekke, wat die aarde met die Tuin van Eden verbind, in die hemelruim gesluit. Nogtans, die bewegings daar het nie volkome gestop nie, maar is streng beheer, soos nooit vantevore nie. Jy moet besef dat die meeste van die verborge en onopgelosde antieke beskawings, is voetspore van Adam en sy kinders, wat agtergelaat is tydens die tyd wat hulle vrylik na die aarde toe afgekom het.

Geskiedenis van die Mens en Dinosaurus op die Aarde

Waarom dan, is dit dat die dinosaurus op die aarde gelewe het en skielik uitgesterf het? Dit is ook een van die belangrikste bewyse, wat jou vertel hoe oud die menslike geskiedenis werklik is. Dit is 'n geheim wat alleenlik, met die hulp van die Bybel opgelos kan word.

God het eintlik die dinosaurus in die Tuin van Eden geplaas. Hulle was sagmoedig, maar was na hierdie aarde uitgedrywe, nadat hulle in die strik van Satan beland het, gedurende die tyd wat Adam vrylik tussen die aarde en die Tuin van Eden kon beweeg. Nou, dinosaurusse wat gedwing was om op hierdie aarde te bly, moes gedurig soek vir iets om te eet. Anders as in die tyd toe hulle in die Tuin van Eden gebly het, waar alles in oorvloed was, kon die aarde nie genoeg voedsel vir hierdie groot dinosaurusse produseer nie. Hulle het al die vrugte, graan en plante opgevreet, en daarna begin om die diere te eet. Hulle was besig om die omgewing en die voedselketting te verwoes. God het besluit dat Hy nie langer die dinosaurusse op die aarde kon hou nie, en hulle met vuur van bo uitgeroei.

Vandag argumenteer baie leerlinge dat dinosaurusse vir 'n lang tyd op die aarde gebly het. Hulle sê dat dinosaurusse vir meer as eenhonderd en sestig miljoen jaar geleef het. Nogtans, nie een van die stellings verklaar met oortuiging hoe kon so baie dinosaurusse eensklaps daar gewees het, en weer so skielik uitgewis wees nie. Verder, indien sulke groot dinosaurusse vir so 'n lang tyd ontplooi was, wat sou hulle geëet het om met hulle lewens voort te gaan?

Ooreenkomstig die teorie van evolusie, voordat so baie soorte dinosaurusse verskyn het, moes daar baie meer soorte kleiner ongediertes gewees het, maar steeds is daar nie 'n enkele bewys daarvan nie. Oor die algemeen, vir enige diersoort om uitgewis te word, sal daar eers 'n afname van getalle oor 'n periode wees, en dan heeltemal verdwyn. Die dinosaurus het nietemin skielik verdwyn.

Leerlinge argumenteer dat dit die gevolg was van 'n skielike weersverandering, virus, bestraling veroorsaak deur die ontploffing van 'n ster, of 'n botsing van 'n groot meteoriet met die aarde. Nietemin, indien so 'n verandering so 'n ramp kan veroorsaak om alle dinosaurusse te vernietig, sou alle ander diere en plante sekerlik ook uitgewis geword het. Ander plante, voëls, en soogdiere is nogtans vandag nog lewendig, dus die realiteit ondersteun nie die teorie van evolusie nie.

Selfs voordat die dinosaurus op die aarde verskyn het, het Adam en Eva in die Tuin van Eden gewoon, en somtyds na die aarde afgekom. Jy moet besef dat die geskiedenis van die aarde oor 'n lang tydperk strek.

Jy kan meer besonderhede bekom deur die "Lesings uit Genesis" wat ek gepreek het. Hierna wil ek graag die pragtige natuur van die Tuin van Eden verduidelik.

Die Pragtige Natuur van die Tuin van Eden

Jy lê gemaklik op jou sy op 'n vlakte, vol vars bome en blomme, terwyl die lug saggies oor jou hele liggaam waai, en kyk op na die blou hemelruim waar suiwer wit wolke rondbeweeg en verskeie wolkvormasies vorm.

'n Meer glinster pragtig teen die helling af, en 'n ligte windjie wat die lieflikste geure van blomme bevat, gaan snel by jou verby. Jy kan genotvolle gesprekke met een van jou geliefdes voer, en die blydskap voel. Somtyds kan jy op 'n wye weiveld of 'n hoop blomme lê, en die soet geur wat die blomme liggies aanraak, ervaar. Jy kan ook in die skadu van 'n boom, wat baie groot aptytwekkende vrugte dra, lê, en daarvan eet so veel as jy wil hê.

In die meer en in die see is daar baie soorte kleurvolle visse. Indien jy wil, kan jy strand toe gaan en die verfrissende branders, of witsand wat in die sonlig skitter, geniet. Andersins as jy wil, kan jy soos die visse swem.

Lieflike takbokke, konyne of eekhorinkies met pragtige glinsterende oë, kom na jou toe en doen oulike dinge. In die groot arena speel baie diere vreedsaam met mekaar.

Dit is die Tuin van Eden, waar daar net kalmte, vrede en blydskap is. Baie mense in hierdie wêreld sal waarskynlik graag hulle besige programme, vir altyd wil verruil vir sulke vrede en kalmte.

Oorvloedige Lewe in die Tuin van Eden

Die mense in die Tuin van Eden kan soveel eet en hulleself geniet soos hulle wil, selfs al werk hulle nie daarvoor nie. Daar is nie bekommernisse, besorgdhede of spanning nie en dit is net vol vreugde, genot en vrede. Omdat alles daar deur God se reëls en opdragte geskied, kan die mense die ewige lewe geniet, alhoewel hulle vir niks gewerk het nie.

In die Tuin van Eden, wat dieselefde toestande as die aarde het, bestaan die meeste kenmerke ook. Nogtans, omdat hulle nie besoel word of verander vandat hulle gemaak is nie, behou hulle hul skoon en pragtige natuur, anders as hulle eweknieë op die aarde.

Ook, alhoewel die mense in die Tuin van Eden gewoonlik nie klere dra nie, voel hulle nie skaam nie en is hulle nie owerspelig nie, omdat hulle nie van nature sondig is, en geen kwaad in hulle harte het nie. Dit is asof 'n pasgebore baba vrylik kaal speel, volkome ongestoor en onbewus van wat ander mag dink of sê.

Die omgewing van die Tuin van Eden is geskik vir die mense selfs indien hulle nie klere dra nie, dus voel hulle nie ongemaklik om kaal te wees nie. Hoe goed is dit, dat daar nie skadelike insekte of dorings is wat die vel kan beskadig nie!

Sommige mense dra klere. Hulle is leiers van 'n sekere grootte groep mense. Daar is ook in die Tuin van Eden opdragte en reëls. In die een groep is daar 'n leier, en die mense gehoorsaam en volg hom. Hierdie leiers dra klere, anders as ander, maar hulle dra klere slegs om hulle posisies aan te dui, nie om hulleself te bedek of te versier nie.

Genesis 3:8 het 'n verandering van temperatuur in die Tuin van Eden aangeteken: "Hulle het gehoor hoe die Here God in die tuin wandel teen die tyd dat die aandwind opkom, en die mens en sy vrou het vir die Here God weggekruip tussen die bome van die tuin." Jy besef dat in die Tuin van Eden beleef mense "koel" toestande. Nogtans, dit beteken nie dat hulle moet sweet op 'n gloeiende warm dag of onbeheersd bewe op 'n koue dag, soos wat dit op die aarde kan wees nie.

Die Tuin van Eden het altyd die mees gematigde temperatuursvlakke, vogtigheid en wind sodat daar nie ongemak deur weersveranderinge veroorsaak word nie.

Verder, in die Tuin van Eden bestaan dag en nag nie. Dit word voortdurend met God die Vader se lig omring, en dit voel altyd soos dag. Mense het tyd om te rus, en hulle tref onderskeid tussen die tyd om aktief te wees en om te rus, deur middel van die verandering van die temperatuur.

Hierdie temperatuursverandering beteken nie dat dit drasties sal verhoog of verlaag nie, sodat mense skielik warm of koud sal kry nie. Dit sal hulle gemaklik laat voel om met 'n ligte luggie te kan rus.

2. Mense Is op die Aarde Ontwikkel

Die Tuin van Eden is so wyd en groot, dat jy moontlik nie die grootte daarvan kan voorstel nie. Dit is ongeveer 'n biljoen keer so groot soos die aarde. Die Eerste Hemel waar mense vir slegs sewentig tot tagtig jaar kan leef, blyk eindeloos te wees, dit strek vanaf ons sonnestelsel tot anderkant die sterrestelsel. Dus hoeveel groter dan moet die Tuin van Eden wees, waar mense in getalle vermeerder, sonder om die dood te sien, behalwe die Eerste Hemel?

Terselfdertyd, ongeag hoe pragtig, oorvloedig en groot die Tuin van Eden mag wees, dit kan nie met enige plek in die hemel vergelyk word nie. Selfs die Paradys, wat die Wagplek in die hemel is, is baie mooier en 'n gelukkiger plek. Die ewige lewe in die Tuin van Eden, verskil baie van die ewige lewe in die hemel.

Daarom, deur om God se plan te ondersoek, en 'n paar stappe oor Adam se uitdrywing uit die Tuin van Eden en die ontwikkeling op die aarde, sal jy sien hoe die Tuin van Eden van die Wagplek van die hemel verskil.

Die Boom van die Kennis van Goed en Kwaad in die Tuin

van Eden

De eerste mens, Adam, kon alles eet wat hy wou, onderwerp aan die skepping, en in die Tuin van Eden vir ewig lewe. Nogtans, indien jy Genesis 2:16-17 lees, God het die mens beveel, "Van al die bome in die tuin mag jy eet soos jy wil, maar van die boom van alle kennis mag jy nie eet nie. Die dag as jy daarvan eet, sterf jy." Selfs al het God vir Adam 'n geweldige mag en vrye wil tot alles van die skepping gegee, het Hy Adam streng verbied om van die boom van die kennis van goed en kwaad te eet. In die Tuin van Eden is daar baie soorte kleurvolle, pragtige en smaakvolle vrugte wat nie met die van die aarde vergelyk kan word nie. God het al die vrugte onder Adam se beheer geplaas, dus kon hy daarvan eet soveel as wat hy wou.

Die vrugte van die boom van kennis van goed en kwaad, was egter 'n uitsondering. Hierdeur, moet jy besef dat God alreeds geweet het dat Adam van die boom van die kennis van goed en kwaad sou eet, dus het Hy nie vir Adam net so gelaat om te sondig nie. Soos wat baie mense nie verstaan nie, indien God se bedoeling was om Adam te toets, deur die boom van die kennis van goed en kwaad daar te plaas, en geweet het dat Adam dit sou gedoen het, sou Hy nie vir Adam so sterk beveel het nie. Dus sien jy dat God nie doelbewus die boom van die kennis van goed en kwaad daar geplaas het, sodat Adam daarvan moet eet of om hom te toets nie.

Net soos in Jakobus 1:13 geskrywe staan, "Iemand wat in versoeking kom, moet nooit sê: 'Ek word deur God versoek' nie; want God kan nie verlei word nie, en self verlei Hy niemand nie," God Homself toets niemand nie.

Dus, waarom het God die boom van die kennis van goed en

kwaad in die Tuin van Eden geplaas?

Indien jy vrolik, bly of gelukkig voel, is dit omdat jy die teenoorgestelde van hartseer, pyn en ellendig voel. Op dieselfde wyse, indien jy weet dat goedheid, waarheid en lig goed is, is dit omdat jy dit ervaar het en weet dat sondigheid, onwaarheid en duistenis sleg is.

Indien jy nie hierdie relatiwiteit ondervind het nie, kan jy nie in jou hart voel hoe goed is liefde, goedheid en blydskap nie, selfs al weet jy dit in jou kop, omdat jy al daarvan gehoor het.

Byvoorbeeld, kan 'n persoon wie nog nooit siek was of nooit iemand gesien het wie siek is, weet wat die pyn van 'n siekte werklik is? Hierdie persoon sal nie eers weet dat dit relatief goed is, om gesond te wees nie. Ook, indien 'n persoon nog nooit in die nood was nie, en nog nooit enigiets daarvan geweet het nie, hoeveel sal hy van armoede weet? Hierdie soort persoon sal nie voel dat dit "goed" is, om ryk te wees nie, ongeag hoe ryk hy mag wees. Eweneens, indien iemand nog nie armoede ervaar het nie, kan hy nie diep in sy hart waarlik dankbaar wees nie. Indien iemand nie die waarde van goeie dinge wat hy het, besef nie, ken hy ook nie waarde van vreugde wat hy geniet nie. Nietemin, indien iemand die pyn van siekte en die droefheid van armoede ervaar het, sal hy in staat wees om in sy hart dankbaar te wees, vir die vreugde wat saam met goeie gesondheid en rykdom kom. Dit is die rede waarom God die boom van die kennis van goed en kwaad daar moes plaas.

Daarom, Adam en Eva, wie uit die Tuin van Eden uitgedrywe is, het hierdie relatiwiteit ervaar en God se liefde en seën, wat Hy vir hulle gegee het, besef. Eers toe kon hulle ware kinders van God word, wie die waarde van ware vreugde en die lewe verstaan.

Nietemin, God het nie doelbewus vir Adam op hierdie weg

gelei nie. Adam het uit sy eie vrye wil gekies om God se bevel te veronagsaam. Deur Sy liefde en geregtigheid het God die menslike ontwikkeling beplan.

God se Voorsienigheid van die Menslike Ontwikkeling

Wanneer mense uit die Tuin van Eden uitgedryf was en op die aarde begin ontwikkel het, moes hulle allerhande lydings soos trane, droefheid, pyn, siekte en dood deurmaak. Maar dit het hulle gelei, om opregte vreugde te ervaar en die ewige lewe in die hemel met dankbaarheid te geniet.

Daarom, deur ons Sy ware kinders deur hierdie menslike ontwikkeling te maak, is slegs 'n voorbeeld van God se wonderlike liefde en plan. Ouers sal nie dink dit is 'n vermorsing van tyd om somtyds hulle kinders te onderrig en selfs te straf, indien dit 'n verskil kan maak en bydra tot hulle kinders se sukses. Ook, indien die kinders glo in die roem wat hulle in die toekoms sal ontvang, sal hulle geduldig wees en enige moeilike situasie en struikelblokke oorkom.

Eweneens, indien jy dink aan die ware vreugde wat jy in die hemel sal geniet, terwyl jy intussen op die aarde ontwikkel word, is nie iets wat verskillend of pynlik is nie. In plaas daarvan sal jy dankbaar wees, dat jy in staat was om ooreenkomstig God se woord kon lewe, met die hoop vir die saligheid wat jy later sal ontvang.

So wie sal God meer dierbaar beskou–hulle wie waarlik teenoor God opreg dankbaar is, nadat hulle baie ontberings op die aarde ervaar het, of mense in die Tuin van Eden wie nie regtig waardeer het wat hulle het nie, selfs alhoewel hulle in so 'n mooi en oorvloedige omgewing woon?

God het Adam, wie uit die Tuin van Eden uitgedryf was, ontwikkel, en sy afstammelinge op die aarde ontwikkel, om hulle Sy ware kinders te maak. Wanneer hierdie ontwikkeling verby is, en die huise in die hemel gereed is, sal die Here terugkom. Indien jy in die hemel woon, sal jy ewige vreugde ervaar, omdat selfs die laagste vlak in die hemel, nie met die Tuin van Eden se skoonheid vergelyk kan word nie.

Daarom, moet jy God se voorsienigheid in die menslike ontwikkeling besef, en daarna strewe om Sy ware kind te word wie ooreenkomstig Sy Woord handel.

3. Die Wagplek van die Hemel

Die afstammelinge van Adam, wie teenoor God ongehoorsaam was, is bestem om eenmaal te sterf, en daarna die Groot Oordeel te ervaar (Hebreërs 9:27). Nogtans, die geeste van menslike wesens is onverganklik, dus moet hulle of hemel of hel toe gaan.

Alhoewel, hulle gaan nie direk hemel of hel toe nie, maar bly in die hemel of hel se Wagplek. Watter soort plek is die Wagplek in die hemel, waar God se kinders bly?

'n Mens se Gees Verlaat Sy Liggaam aan die Einde

Wanneer 'n persoon sterf, verlaat die gees sy liggaam. Na die dood, sal enigiemand baie verbaas wees wanneer hy of sy waarneem, dat presies dieselfde persoon daar lê. Selfs al is hy 'n gelowige, hoe vreemd sal dit nie wees, nadat sy gees sy eie liggaam verlaat?

Indien jy na die vier-dimensionele wêreld gaan, vanaf die drie-dimensionele wêreld, waarin jy huidiglik lewe, sal alles baie van mekaar verskil. Die liggaam voel baie lig, en dit voel asof jy vlieg. Nogtans, jy kan nie onbeperkte vryheid hê, nadat jou gees uit die liggaam gegaan het nie.

Net soos wat pas uitgebroeide voëls nie dadelik kan vlieg nie, alhoewel hulle met vlerke gebore word, het jy steeds tyd nodig om jouself in die geestelike wêreld aan te pas en sekere basiese dinge te leer.

Dus hulle wie met geloof in Jesus Christus sterf, gaan na die Bograf terwyl twee engele hulle begelei. Daar, leer hulle by die engele en die profete, omtrent die lewe in die hemel.

Indien jy die Bybel lees, sal jy besef dat daar twee soorte grafte is. Voorvaders van die geloof, soos Jakob en Job, sê dat hulle na die graf gaan, sodra hulle sterf (Genesis 37:35; Job 7:9). Korag en sy volgelinge, wie vir Moses, 'n man van God, teengestaan het, het lewendig in die graf geval (Numeri 16:33).

Lukas 16 skets die verhaal van 'n ryk man en die bedelaar, genaamd Lasarus, wie na die graf gegaan het, nadat hulle gesterf het en jy sal besef dat hulle nie na dieselfde "graf" gegaan het nie. Die ryk man het so baie in die vuur gely, terwyl Lasarus ver weg aan Abraham se sy gerus het.

Eweneens, daar is 'n graf vir diegene wie gered is, en 'n ander graf vir die ongereddes. Die graf waarin Korag en sy volgelinge, en die ryk man beland het, is die Doderyk wat ook die "Laergraf" genoem word en aan die hel behoort, maar die graf waarna Lasarus gegaan het, is die Bograf wat aan die hemel behoort.

Drie-dag Verblyf in die Bograf

HEMEL I

Gedurende die Ou Testamentiese tye het hulle wie gered was, in die Bograf gewag. Omdat Abraham, die voorvader van die geloof, in beheer van die Bograf was, is Lasarus volgens Lukas 16 aan Abraham se sy. Nietemin, na die Here se opstanding en hemelvaart, hulle wie gered is, gaan nie meer na die Bograf aan Abraham se kant nie. Hulle bly vir drie dae in die Bograf, waarna hulle iewers in die Paradys opgeneem word. Dit is, hulle sal saam met die Here in die Wagplek van die hemel wees.

Soos Jesus in Johannes 14:2 sê, "In die huis van my Vader is daar baie woonplek. As dit nie so was nie, sou Ek nie vir julle gesê het Ek gaan om vir julle plek gereed te maak nie," na Sy opstanding en hemelvaart, het ons Here vir elke gelowige 'n plek gaan voorberei. Dus, sedert die Here begin het om vir God se kinders plekke voor te berei, hulle wie gered is het in die Wagplek van die hemel, iewers in die Paradys gebly.

Sommige mense wonder hoe kan daar so baie geredde mense in die Paradys sedert die skepping bly, maar daar is geen rede tot kommer nie. Selfs die sonnestelsel, wat aan die aarde behoort, is slegs 'n spikkel in vergelyking met die sterrestelsel. Dus, hoe groot is die sterrestelsel dan? In vergelyking met die totale heelal, is 'n sterrestelsel net 'n spikkel. Dus hoe groot is die heelal?

Buitendien, hierdie heelal is een van baie, so dit is onmoontlik om die grootte van die totale heelal te bepaal. Indien hierdie fisiese wêreld so groot is, hoeveel groter moet die geestelike wêreld nie wees nie?

Die Wagplek van die Hemel

Dus, wat se soort plek is die Wagplek van die hemel waar hulle wie gered is, vir drie dae in die Bograf bly, om aan te pas?

Wanneer mense sulke pragtige tonele sien, roep hulle gewoonlik uit, "Dit is die Paradys op die aarde," of "Dit is soos die Tuin van Eden!" Alhoewel, die Tuin van Eden kan geensins met enige skoonheid van die wêreld vergelyk word nie. Mense in die Tuin van Eden lewe sulke wonderlike, droomlewens vol van vrede en vreugde. Nogtans, dit lyk vir die mense op die aarde baie goed. Wanneer jy hemel toe gaan, sal jy onmiddellik daardie mening verwerp.

Net soos wat die Tuin van Eden nie met die aarde vergelyk kan word nie, kan die hemel nie met die Tuin van Eden vergelyk word nie. Daar is 'n fundamentele verskil tussen die vreugde in die Tuin van Eden, wat aan die Tweede Hemel behoort, en die vreugde in die Wagplek van die Paradys wat in die Derde Hemel is. Dit is omdat die mense in die Tuin van Eden nie regtig God se ware kinders is, wie se harte ontwikkel is nie.

Laat ek 'n voorbeeld voorsien om jou te help, om dit beter te verstaan. Voordat dat daar elektrisiteit was, het Koreaanse voorvaders paraffienlampe gebruik. Hierdie lampe was so flou, in vergelyking met vandag se elektriese ligte, maar dit was so kosbaar wanneer daar geen lig in die nag was. Nadat mense elektrisiteit ontwikkel het en geleer het om dit te gebruik, het ons nietemin elektriese ligte gehad. Hulle wie gewoond daaraan was om net paraffienlamp ligte te hê, sou elektriese ligte verbasend gevind het, en verward geraak het oor die helderheid daarvan.

Indien jy sê dat hierdie aarde is gevul deur volkome duisternis sonder enige lig, dan kan jy sê dat die Tuin van Eden is waar hulle paraffienlampe vir ligte het, en die hemel is 'n plek waar hulle elektriese ligte het. Net soos wat paraffienlamp ligte totaal van elektriese ligte verskil, alhoewel albei ligte is, net so is die Wagplek van die hemel volkome van die Tuin van Eden verskillend.

Die Wagplek geleë aan die Kant van die Paradys

Die Wagplek van die hemel is aan die kant van die Paradys geleë. Die Paradys is die plek vir hulle met die minste geloof, en is die verste weg van God se Troon geleë.Dit is 'n baie groot plek.

Hulle wie aan die kant van die Paradys wag, leer geestelike kennis by die profete. Hulle leer aangaande God Drie-Enig, die hemel asook die reëls van die geestelike wêreld, onsovoorts. Die omvang van sulke kennis is onbeperk, dus is daar geen einde aan die leerproses nie. Nogtans, om geestelike dinge te leer is nooit vervelig of moeilik, soos sommige studies op die aarde nie. Hoe meer jy leer, hoe meer verbaas en verlig word jy, so dit is al meer bekoorlik.

Selfs op die aarde, hulle wie rein en nederige harte het, kan met God kommunikeer en geestelke kennis verkry. Sommige van hierdie mense sien die geestelike wêreld, omdat hulle geestelike oë geopen is. Verder, sommige mense kan deur die besieling van die Heilige Gees, geestelike dinge besef. Hulle kan leer omtrent geloof of die reëls om antwoorde op hulle gebede te ontvang, dus kan hulle selfs in hierdie fisiese wêreld God se krag, wat aan die gees behoort, ervaar.

Indien jy omtrent geestelike sake in hierdie fisiese wêreld leer en daardie dinge ervaar, sal jy al meer energiek en gelukkig word. Dus hoeveel gelukkiger en vreugdevol sal jy wees, indien jy geestelike dinge in diepte in die hemelse Wagplek kan leer!

Hoor Nuus oor Hierdie Wêreld

Watter soort lewe geniet die mense in die Wagplek van die hemel? Hulle ervaar ware vrede terwyl hulle wag, om na hulle ewige wonings in die hemel te gaan. Hulle kom niks kort nie, en geniet blydskap en genot. Hulle vermors nie net tyd nie, maar leer voortdurend baie dinge by die engele en die profete.

Tussen hulleself, is daar aangewysde leiers en hulle leef volgens 'n plan. Hulle word verbied om na die aarde af te kom, derhalwe is hulle altyd nuuskierig oor wat hier plaasvind. Hulle is nie nuuskierig oor die wêreldse dinge nie, maar nuuskierig oor sake wat met God se koninkryk te doen het, soos byvoorbeeld 'Hoe gaan dit met die kerk wat ek gedien het? Hoeveel van sy opdragte het die kerk ten uitvoer gebring? Hoe vorder hulle met die wêreldsending?'

Dus is hulle baie bly wanneer hulle nuus oor hierdie wêreld deur middel van die engel, wie na die aarde kan afkom, of die profete in Nuwe Jerusalem, verneem.

God het een keer aan my openbaar, omtrent van my kerklidmate wat huidiglik in die Wagplek van die hemel bly. Hulle het in verskillende plekke gebid, in afwagting oor nuus van my kerk. Hulle het hoofsaaklik belanggestel in die opdragte wat aan my kerk opgedra was, die wêreldsending en die bou van die Groot Heiligdom. Hulle is baie bly, wanneer hulle ookal goeie nuus hoor. So toe hulle die nuus omtrent God se verheerliking tydens ons oorsese kruistogte verneem het, het hulle opgewonde geraak en hartlik fees gevier.

Eweneens, mense in die Wagplek van die hemel spandeer gelukkige en genotvolle tyd, wanneer hulle somtyds nuus omtrent die aarde ontvang.

Streng Orde in die Wagplek van die Hemel

Mense met verskillende geloofsvlakke, wie na die Oordeelsdag by verskillende plekke in die hemel sal woon, bly almal saam in die Wagplek van die hemel, maar die rangordes word presies gehandhaaf. Mense met minder geloof, sal hulle respek toon teenoor mense met groter geloof, deur hulle hoofde te buig. Geestelike ordes word nie deur posisies in hierdie wêreld bepaal nie, maar tot watter mate hulle heilig en geloofwaardig word, in hulle God-gegewe opdragte.

Op hierdie wyse word orde streng gehandhaaf, omdat die God van geregtigheid oor die hemel regeer. Sedert die orde gebaseer word op die helderheid van lig, die mate van goedheid, die omvang van elke gelowige se liefde, kan niemand kla nie. In die hemel gehoorsaam almal die geestelike orde, omdat daar in die gereddes se gedagtes geen kwaad is nie.

Nietemin, hierdie orde en verskillende soorte vreugde se bedoeling, is nie om geforseerde gehoorsaamheid af te dwing nie. Dit is van liefdevolle en ware opregte harte afkomstig. Daarom, in die Wagplek van die hemel, respekteer hulle al diegene wie voor hulle is in hulle harte, deur hulle hoofde te buig, omdat hulle 'n natuurlike aanvoeling vir die geestelike verskille het.

4. Mense Wie nie in die Wagplek Bly nie

Alle mense, wie verskillende hemelwonings na die Oordeelsdag sal ingaan, bly huidiglik op die kant van die Paradys, die Wagplek van die hemel. Daar is nogtans sekere uitsonderings. Hulle wie na Nuwe Jerusalem, die heel mooiste plek in die hemel gaan, sal reguit Nuwe Jerusalem ingaan, en met God se werk behulpsaam wees. Hierdie soort mense, wie God se hart, wat so helder en pragtig soos kristal is, aangeneem het lewe met God se spesiale liefde en sorg.

Hulle sal Help met God se werk in Nuwe Jerusalem

Waar, sou ons voorvaders van geloof, heilig en geloofwaardig in God se woning, soos Elisa, Enog, Abraham, Moses en die apostel Paulus nou woon? Bly hulle aan die kant van die Paradys, die Wagplek van die hemel? Nee, omdat hierdie mense volkome heilig is en God se hart ten volle aangeneem het, is hulle alreeds in Nuwe Jerusalem opgeneem. Nietemin, omdat die Oordeel nog nie plaasgevind het nie, kan hulle nie in hulle sogenaamde onderskeidelike ewige huise ingaan nie.

Dus, waar in Nuwe Jerusalem bly hulle? In Nuwe Jerusalem, wat vyftien honderd myl wyd, lank en hoog is, is daar 'n paar geestelike plekke van verskillende grootte. Daar is 'n plek vir God se Troon, 'n paar plekke waar daar huise gebou word, en ander plekke waar ons voorvaders van geloof, wie reeds Nuwe Jerusalem ingegaan het, besig is om saam met God te werk.

Ons voorvaders van geloof, wie reeds in Nuwe Jerusalem woon, sien uit na die dag wanneer hulle hul ewige plekke ingaan, terwyl hulle met God se werk help, om ons plekke voor te berei. Hulle sien baie daarna uit om hulle ewige huise binne te gaan, omdat hulle slegs daar kan ingaan, na Jesus Christus se Wederkoms op die wolke, die Sewe-jaar Bruiloffees en die Millennium op hierdie aarde.

Die apostel Paulus, wie so hoopvol was vir die hemel, het die volgende in 2 Timoteus 4:7-8 bely.

HEMEL I

Ek het die goeie wedloop afgelê; ek het die wenstreep bereik; ek het gelowig end-uit volgehou. Nou wag die oorwinnaarskroon vir my, die lewe by God. Op die dag dat Hy weer kom, sal die Here, die regverdige Regter, dit vir my gee, en nie net vir my nie, maar ook vir almal wat met verlange uitsien na sy koms.

Hulle wie die goeie stryd voer, en hoop op die Here se Wederkoms, het 'n besliste hoop vir 'n woonplek en toekennings in die hemel. Hierdie soort geloof en hoop kan toeneem, namate jy meer kennis van die geestelike koninkryk het, en dit is waarom ek die hemel in die fynste besonderhede verduidelik.

Die Tuin van Eden in die Tweede Hemel of die Wagplek in die Derde Hemel is steeds baie mooier as hierdie wêreld, maar selfs nie hierdie plekke vergelyk met die glorie en prag van Nuwe Jerusalem, waar God se Troon gehuisves word nie.

Daarom, bid ek in die naam van die Here dat jy nie sal beweeg in die rigting van Nuwe Jerusalem, met die soort geloof en hoop van die apostel Paulus nie, maar ook baie siele op die weg van saligheid sal lei deur die verkondiging van die evangelie, al moet hierdie taak ook jou lewe eis.

Hoofstuk 3

Die Sewe-jaar Bruiloffees

1. Die Here se Wederkoms en die Sewe-jaar Bruiloffees
2. Die Millennium
3. Hemelse Toekenning na die Oordeelsdag

Geseënd en heilig is dié wat aan die eerste opstanding deel het. Oor hulle het die tweede dood geen mag nie, maar hulle sal priesters van God en van Christus wees en sal saam met Hom die duisend jaar lank regeer.

- Die Openbaring 20:6 -

Voordat jy jou toekenning ontvang en 'n ewige lewe in die hemel begin, moet jy eers die Oordeel van die Wit Troon deurmaak. Voor die dag van die Groot Oordeel sal daar eers die Here se Wederkoms in die lug, die Sewe-jaar Bruiloffees en die Millennium plaasvind.

Dit is alles wat God vir Sy geliefde kinders, wie hulle geloof op die aarde in stand gehou het, voorberei het om 'n voorsmaak van die hemel te kry.

Daarom, hulle wie in die Wederkoms van die Here glo en hoop om Hom, wie ons bruidegom is te ontmoet, sal na die Sewe-jaar Bruiloffees en die Millennium uitsien. Die woord van God soos in die Bybel opgeteken is waar, en al die voorspellings word vandag ten uitvoer gebring.

Jy moet 'n wyse gelowige wees, en jou uiterste probeer om jouself as Sy bruid voor te berei, en besef dat indien jy nie op jou hoede is en volgens God se woord lewe nie, sal die dag van die Here soos 'n dief kom en jy sal in die dood verval.

Laat ons opsommend na die dinge kyk wat God se kinders sal ervaar, voordat hulle die hemel, wat so helder en pragtig soos kristal is, ingaan.

1. Die Here se Wederkoms en die Sewe-jaar Bruiloffees

Die apostel Paulus skryf in Romeine 10:9, "As jy met jou mond bely dat Jesus die Here is, en met jou hart glo dat God Hom uit die dood opgewek het, sal jy gered word." Om die saligheid te verkry, moet jy nie net bely dat Jesus jou Redder is nie, maar ook in jou hart glo dat Hy gesterf het en weer uit die dood opgestaan het.

Indien jy nie in Jesus se opstanding glo nie, kan jy nie in jou eie sogenaamde opstanding tydens die Here se Wederkoms glo nie. Jy sal selfs nie eers in staat wees om die Here se Wederkoms self te glo nie. Indien jy nie in die hemel en die hel se bestaan glo nie, dan sal jy nie die krag ontvang om ooreenkomstig God se woord te lewe nie, en jy sal nie die saligheid verkry nie.

Die Uiterste Doel van die Christelike Lewe

In 1 Korintiërs 15:19 staan geskrywe, "As ons net vir hierdie lewe ons hoop op Christus vestig, is ons die bejammerenswaardigste van alle mense." Die kinders van God, anders as ongelowiges van die wêreld, gaan kerk toe en woon eredienste by, en dien God elke Sondag op baie maniere. Om volgens God se woord te lewe, vas hulle dikwels en bid vuriglik elke môre of laataand by God se heiligdom, ten spyte daarvan dat hulle somtyds rus nodig het.

Verder probeer hule nie om hulleself te bevoordeel nie, maar dien ander en offer hulleself vir God se koninkryk op. Dit is waarom, indien daar geen hemel was nie, sou die gelowiges die mees bejammerenswaardigste mense gewees het. Nietemin, dit is seker dat die Here weer sal kom en jou hemel toe sal neem, en Hy is besig om vir jou 'n pragtige plek voor te berei. Hy sal jou beloon ooreenkomstig met wat jy gesaai en op hierdie wêreld gedoen het.

Jesus sê in Matteus 16:27, "Die Seun van die mens gaan saam met sy engele kom. Hy sal beklee wees met dieselfde heerlikheid as sy Vader en sal elkeen volgens sy dade vergeld." Hier, om te "beloon ooreenkomstig met wat hy gedoen het" beteken nie net eenvouding, hemel of hel toe nie. Selfs tussen die gelowiges wie hemel toe gaan, verskil die belonings ooreenkomstig hulle leefwyses in hierdie wêreld.

Sommiges voel liggeraak en vrees, om te hoor dat die Here spoedig weer kom. Nietemin, indien jy waarlik die Here liefhet en hoop vir die hemel, sal dit natuurlik wees dat jy daarna sal uitsien en wag om die Here spoedig te kan ontmoet. Indien jy met jou mond bely, "Here ek is lief vir U," maar nogtans nie wil hoor en selfs vrees dat die Here binnekort gaan kom, kan daar nie gesê word, dat jy regtig vir die Here lief is nie.

Daarom, moet jy die Here, jou bruidegom, met vreugde ontvang en in jou hart uitsien na Sy Wederkoms, en jouself soos 'n bruid voorberei.

Die Here se Wederkoms in die Lug

In 1 Tessalonisense 4:16-17 staan geskrywe, "Wanneer die bevel gegee word en die stem van die aartsengel en die trompet van God weerklink, sal die Here self uit die hemel neerdaal. Allereers sal dié wat in Christus gesterf het, uit die dood opstaan; daarna sal ons wat nog lewe, saam met hulle op die wolke weggevoer word, die lug in, die Here tegemoet. En so sal ons altyd by die Here wees."

Wanneer die Here weer in die lug terugkom, sal elke kind van God verander in 'n geestelike liggaam en in die lug opgevang word, en die Here ontvang. Daar is sommige mense wie gered en gesterf het. Hulle liggame is begrawe, maar hulle geeste wag in die Paradys. Ons verwys na sulke persone as "aan die slaap in die Here." Hulle geeste sal met hulle geestelike liggame kombineer wat vanaf hulle ou liggame wat begrawe is, getransformeer is. Hulle sal gevolg word deur hulle wie die Here ontmoet het, sonder om te sterf, verander in geestelike liggame, en in die lug opgevang is.

HEMEL I

God Gee 'n Bruiloffees in die Lug

Wanneer die Here weer in die lug terugkom, sal almal wie sedert die skeppingstyd gered is, die Here as die bruidegom ontvang. Op hierdie stadium, begin God die Sewe-jaar Bruiloffees om Sy kinders wie deur die geloof gered is, op te vrolik. Hulle sal sekerlik nog die belonings later in die hemel vir hulle dade ontvang, maar vir eers, gee God hierdie fees in die lug, om al Sy kinders op te vrolik.

Byvoorbeeld, wanneer 'n generaal na 'n groot oorwinning terugkeer, wat sal die koning doen? Hy sal vir die generaal baie soorte belonings gee, vir uitstekende diens. Die koning mag vir hom 'n huis, grond of 'n geldelike beloning, asook 'n partytjie gee as vergoeding vir sy dienste gelewer.

Met dieselfde blyk van waardering gee God aan Sy kinders 'n plek en belonings in die hemel, die dag na die Groot Oordeel maar voor dit, gee Hy ook 'n Bruiloffees sodat Sy kinders 'n goeie tyd kan hê, en hulle vreugde kan deel. Alhoewel wat elkeen vir die koninkryk van God in hierdie wêreld gedoen het, verskil, gee Hy selfs die fees vir die feit dat hulle gered is.

Waar dan is die "lug" waarin die Sewe-jaar Bruiloffees gehou gaan word? Die "lug" hier verwys nie na die hemelruim wat met die blote oog sigbaar is nie. Indien hierdie "lug" net die hemelruim is wat jy met jou oë kan sien, sou al die geredde mense die fees in 'n drywende hemelruim moes meemaak. Verder, moet daar so baie mense reeds sedert die skepping gered wees, en almal van hulle sou nie in die hemelruim van die aarde kon bly nie.

Bowendien, die fees sal deeglik beplan en voorberei word, omdat God Homself dit voorsien om Sy kinders op te vrolik. Daar is 'n plek wat God lank gelede al voorsien het. Hierdie plek is die "lug" wat God vir die Sewe-jaar Bruiloffees voorberei het, en hierdie ruimte is in die Tweede Hemel geleë.

"Lug" Behoort aan die Tweede Hemel

Efesiërs 2:2 sê, "Julle het gelewe soos hierdie sondige wêreld en julle laat lei deur die vors van die onsigbare bose magte, die gees wat daar nou aan die werk is in die mense wat aan God ongehoorsaam is." So die "lug" is ook 'n plek waar die bose geeste mag het.

Nietemin, die plek waar die Sewe-jaar Bruiloffees gaan plaasvind en die plek waar die bose geeste bestaan, is nie dieselfde plek nie. Die rede waarom dieselfde uitdrukking, "lug," gebruik word, is omdat albei aan die Tweede Hemel behoort. Nogtans, die Tweede hemel is nie een enkele gebied nie, maar is in verskillende plekke verdeel. Dus is die plek waar die Bruiloffees gehou gaan word, en die plek waar die bose geeste bestaan, afsonderlik.

God het 'n nuwe geestelike koninkryk, genaamd Tweede Hemel gemaak, deur 'n gedeelte van die hele geestelike koninkryk daarvoor te gebruik. Daarna het Hy dit in twee gebiede verdeel. Een is Eden, wat die gebied van die lig is en aan God behoort, en die ander is die gebied van duisternis wat God aan die bose geeste gegee het.

God het die Tuin van Eden aan die oostekant van Eden gemaak, waar Adam sou bly totdat die menslike ontwikkeling begin. God het vir Adam in hierdie Tuin geplaas. Verder het God die gebied van duisternis aan die bose geeste gegee, en hulle toegelaat om daar te bly. Hierdie gebied van duisternis en Eden is streng verdeel.

Plek van die Sewe-jaar Bruiloffees

Waar dan sal die Sewe-jaar Bruiloffees gehou word? Die Tuin van Eden is slegs 'n deel van Eden en daar is baie ander plekke in Eden. In een van daardie plekke het God vir die Sewe-jaar Bruiloffees voorsiening gemaak.

Die plek waar die Sewe-jaar Bruiloffees gehou gaan word, is baie mooier as die Tuin van Eden. Daar is sulke pragtige blomme en bome. Allerhande kleure ligte skyn helder, en die plek word deur 'n onbeskryfbare pragtige en skoon natuur omring.

Dit is so groot om te dink, dat almal wie sedert die skepping gered is, sal die fees saam bywoon. Daar is 'n baie groot kasteel hier, en is groot genoeg vir al die genooides na die fees om in te gaan. Die fees sal in hierdie kasteel plaasvind, en daar sal ondenkbare gelukkige oomblikke wees. Nou, wil ek jou graag na die kasteel vir die Sewe-jaar Bruiloffees uitnooi. Ek hoop jy kan die vreugde aanvoel om die Here se bruid te wees, Hy wie die eregas by die fees is.

Ontmoeting met die Here in 'n Helder en Pragtige Plek

Wanneer jy by die feessaal arriveer, sal jy so 'n pragtige vertrek met helder ligte vind, wat jy nog nooit voorheen gesien het nie. Jy sal voel asof jou liggaam ligter as vere is. Wanneer jy saggies op die groen gras te lande kom, sal jou oë eers die pragtige omgewing waarneem, wat nie vroeër weens die vreeslike helder ligte mooi sigbaar was nie. Jy sien 'n hemelruim en 'n meer so helder en suiwer, sodat dit jou oë byna verblind. Hierdie meer skitter soos juwele wat hulle pragtige kleure uitstraal, wanneer die water rimpelings maak.

Al vier kante is vol blomme en groen bosse wat die hele gebied omring. Blomme beweeg heen en weer asof dit vir jou wuif, en jy kan die sterk, lieflike en soet geure ruik, wat jy nog nooit voorheen geruik het nie. Binnekort kom voëls van verskillende kleure en verwelkom jou met hulle sang. In die meer, wat so helder is dat jy dinge onder die oppervlakte kan sien, is daar wonderlike pragtige visse wat hulle koppe uitsteek en jou verwelkom.

Selfs die gras waarop jy staan, is so sag soos katoen. Die wind wat jou klere liggies laat fladder, omvou jou saggies. Op daardie stadium skyn 'n skerp lig in jou oë, en jy sien 'n persoon in die middel van daardie lig staan.

Die Here Omhels Jou en Sê, "My bruid, Ek is lief vir jou"

Met 'n vriendelike glimlag op Sy gesig, en arms wyd oopgestrek, versoek Hy jou om na Hom toe te kom. Wanneer jy na Hom toe gaan, word Sy gesig duidelik sigbaar. Jy sien Sy gesig vir die eerste keer, maar jy weet baie goed wie Hy is. Hy is die Here Jesus, jou bruidegom, wie jy liefhet en lankal uitsien om te ontmoet. Op hierdie stadium vloei die trane oor jou wange. Jy kan nie ophou om trane te stort nie, omdat dit jou herinner aan die tye toe jy op die aarde ontwikkel is.

Jy sien die Here van aangesig tot aangesig, Hy deur wie jy in die wêreld kan heers, selfs in die moeilikste situasies en wanneer jy baie vervolgings en beproewinge teëkom. Die Here kom na jou toe, omhels jou in Sy boesem, en sê vir jou, "My bruid, Ek het vir hierdie dag gewag. Ek is lief vir jou."

Met die aanhoor hiervan, vloei nog meer trane. Dan vee die Here jou trane saggies af, en hou jou stywer vas. Wanneer jy in

Sy oë kyk, kan jy Sy hart voel. "Ek weet alles omtrent jou. Ek weet van al jou trane en pyne. Daar sal slegs blydskap en vreugde wees."

Vir hoe lank het jy al na hierdie oomblik uitgesien? Wanneer jy in Sy arms is, beleef jy die grootste vrede, vreugde en jou hele liggaam word deur 'n oorweldigende omhulsel bedek.

Nou, kan jy die sagte, diep, en pragtige geluide van lofprysinge hoor. Dan, neem die Here jou hand en lei jou na die plek waar die lofprysinge vandaan kom.

Die Bruiloffees se Saal is Vol van Kleurvolle Ligte

'n Oomblik later, sien jy 'n pragtige, glinsterende kasteel wat so asemrowend en mooi is. Wanneer jy voor die kasteel se hek staan, open dit saggies en die helder ligte van die kasteel skyn na buite. Wanneer jy saam met die Here die kasteel ingaan, trek die ligte jou aan na binne. Daar is so 'n groot saal dat jy nie die ander kant daarvan kan sien nie. Die saal is met pragtige ornamente en voorwerpe versier, en is met kleurvolle skerp ligte gevul.

Die lofprysinge het nou duideliker geword, en dit is saggies rondom die saal hoorbaar. Uiteindelik, kondig die Here die begin van die Bruiloffees met 'n weergalmende stem aan. Die Sewe-jaar Bruiloffees begin, en dit voel of die byeenkoms in jou drome plaasvind.

Voel jy die vreugde van hierdie oomblik? Natuurlik, nie elkeen wie by die fees is, kan met die Here verkeer nie. Slegs hulle wie kwalifiseer kan met Hom van naderby verkeer, en deur Hom omhels word.

Daarom, moet jy jouself soos 'n bruid voorberei, en aan die goddelike natuur deelneem. Nogtans, selfs al kan nie al die mense die Here se hand vashou nie, sal hulle dieselfde vreugde en volheid ervaar.

Geniet Gelukkige Oomblikke met Sang en Dans

Wanneer die Bruiloffees eers begin het, sal jy saam met die Here sing en dans, en God die Vader se naam besing. Jy dans met die Here, praat oor die tye op die aarde, of oor die hemel waar jy gaan woon.

Jy praat ook oor God die Vader se liefde, en loof Hom. Jy kan ook wonderlike gesprekke voer met hulle, wie jy lankal na uitsien om by te wees.

Soos jy die vrugte wat in jou mond smelt geniet, en drink van die Water van die Lewe wat vanaf die Vader se Troon vloei, gaan die fees lieflik voort. Jy hoef nie vir die volle tydperk van sewejaar in die kasteel te bly nie. Van tyd tot tyd kan jy die kasteel verlaat, en vreugdevolle oomblikke geniet.

Dus, watter soort vreugdevolle aktiwiteite en byeenkomste wag vir jou buitekant die kasteel? Jy kan tyd spandeer om die pragtige natuur en woude, bome, blomme en voëls te geniet. Jy kan saam met jou geliefde mense op die paaie stap, wat met sulke pragtige blomme versier is, of met hulle gesels, of somtyds die Here met sang en dans loof. Verder is daar ook baie dinge wat jy in groot oop ruimtes kan geniet. Byvoorbeeld, mense kan vir 'n bootrit op die meer saam met hulle geliefdes of met die Here Homself, gaan. Jy kan gaan swem of baie soorte ontspanning en speletjies geniet. Baie dinge wat vir jou vreugde en ondenkbare genot verskaf, word deur God se sorg en liefde voorsien.

Gedurende die Sewe-jaar Bruiloffees word geen lig ooit afgeskakel nie. Natuurlik, Eden is 'n gebied van lig en daar is dit nooit nag nie. In Eden, het jy nooit nodig om te gaan slaap en te rus, soos op die aarde nie. Ongeag hoe lank jy jouself geniet, jy word nooit moeg nie, inteendeel jy word meer verheug en gelukkig.

Dit is waarom dit nie voel of die tyd verby vlieg nie, want die die sewe jaar voel soos sewe dae of selfs sewe ure. Selfs al is dit jou ouers, kinders of suigelinge wie nie opgelig is nie, wat as gevolg van die Groot Beproewing ly, tyd gaan so vinnig met vreugde en blydskap verby, dat jy nie eers aan hulle dink nie.

Gee Meer Dank oor Redding

Die mense van die Tuin van Eden en die Bruiloffees kan mekaar sien, maar hulle kan nie kom en gaan nie. Selfs die bose geeste kan die Bruiloffees sien, en jy kan hulle ook sien. Natuurlik, die bose geeste kan nie eers daaraan dink om die feesplek te nader nie, maar jy kan hulle steeds sien. Deur die fees en die blydskap van die gaste te sien, ly die bose geeste 'n geweldige pyn. Vir hulle, wat nie in staat was om nog een meer persoon hel toe te neem nie, en mense aan God oor te gee om Sy kinders te word, is een ondraaglike pyn.

Omgekeerd, deur na die bose geeste te kyk, herinner jou baie daaraan dat hoe baie keer het hulle jou tydens jou ontwikkeling op die aarde, soos 'n brullende leeu probeer verslind.

Dan word jy meer dankbaar teenoor God die Vader, die Here en die Heilige Gees se genade, wie jou teen die krag van die duisternis beskerm het, en jou gelei het om 'n kind van God te word. Verder, word jy ook meer dankbaar teenoor hulle wie jou gehelp het, om die weg van die lewe te volg.

So die Sewe-jaar Bruiloffees is nie alleenlik 'n tyd om te rus en gemakllik te wees, na die pyn weens die ontwikkeling op die aarde nie, maar ook 'n tyd om aan die tydperk op die aarde herinner te word, en meer dankbaar teenoor God se liefde te wees.

Jy dink ook aan die ewige lewe in die hemel, wat baie meer genotvol as die Sewe-jaar Bruiloffees sal wees. Die vreugde in die hemel kan nie met dit van die Sewe-jaar Bruiloffees vergelyk word nie.

Die Sewe-jaar Groot Beproewing

Terwyl die gelukkige bruiloffees in die lug plaasvind, vind die Sewe-jaar Groot Beproewing op die aarde plaas. As gevolg van die soort en omvang van die Groot Beproewing, wat nooit was en nooit sal wees nie, is die meeste van die aarde verwoes, en die meeste mense wie agtergelaat is, is dood.

Natuurlik, sommiges van hulle is gered, deur wat genoem word die "insameling saligheid." Daar is baie wie op die aarde na die Here se Wederkoms agtergelaat sal word, omdat hulle geensins of nie behoorlik geglo het nie. Nogtans, indien hulle gedurende die Sewe-jaar Groot Beproewing bely, en martelaars word, kan hulle gered word. Dit word die "insameling saligheid" genoem.

Om 'n martelaar gedurende die Sewe-jaar Groot Beproewing te word, is nogtans nie maklik nie. Selfs al besluit hulle aan die begin om 'n martelaar te word, verloën hulle die Here, omdat hulle die wrede folterings en vervolgings van die anti-Chris nie kan verdra nie, en gedwing word om die "666" merk te ontvang.

Hulle weier gewoonlik die teken ten sterkste, omdat hulle weet, indien hulle een keer die teken ontvang het, sal hulle aan Satan behoort. Nogtans, is dit alles behalwe maklik om al die folterings, met gepaardgaande uiterste pyn te verduur.

Somtyds al kan iemand die folterings deurstaan, is dit selfs moeiliker vir daardie persoon om te aanskou, hoe een van sy geliefde familielede gefolter word. Dit is waarom dit so moeilik is, om deur middel van hierdie "insameling saligheid" gered te word. Bowendien, omdat mense geen hulp gedurende hierdie tyd van die Heilige Gees kan ontvang nie, is dit selfs moeiliker om jou geloof te behou.

Daarom hoop ek dat geen van die lesers die Sewe-jaar Groot Beproewing sal belewe nie. Die rede waarom ek die Sewe-jaar Groot Beproewing verduidelik, is om jou te laat verstaan dat die gebeurtenisse, soos in die Bybel opgeteken oor die eindtyd bestaan, en sal presies so ten uitvoer gebring word.

'n Ander rede is ook vir hulle wie op die aarde agtergelaat word, nadat God se kinders in die lug opgeneem is. Terwyl ware gelowiges in die lug opgaan en die Sewe-jaar Bruiloffees geniet, vind die misrabele Sewe-jaar Groot Beproewing op die aarde plaas.

Martelaars verkry "Insameling saligheid"

Na die Here se vertrek in die lug sal daar 'n aantal mense wees, onder hulle wie nie in die lug opgelig is nie, wie hulle ondoeltreffende geloof in Jesus Christus sal bely.

Wat hulle na die "insameling saligheid" lei, is die woord van God wat deur die kerk verkondig word, en grotendeels by die eindtyd God se kragtige werke vertoon. Hulle leer hoe om gered te word, watter soort gebeurtenisse ontvou sal word, en hoe om teenoor die wêreldse se gebeurtenisse, soos deur God se woord verkondig, te reageer.

So daar is sommige mense wie regtig voor God bely en gered word, deur martelaars te word. Dit is sogenaamde "insameling saligheid." Natuurlik, tussen sulke mense is daar Israeliete. Hulle sal leer omtrent "Die Boodskap van die Kruis" en besef dit is

Jesus, wie hulle nooit erken het as die Messias, wie waarlik die Seun van God en die Redder van alle mense is. Dan sal hulle bely en deel van die "versameling saligheid" word. Hulle sal vergader om saam in die geloof te groei, en sommiges sal van God se hart bewus word, en martelaars word om gered te word.

Op hierdie wyse, skrywes wat God se woord duidelik uitlê, is nie alleenlik behulpsaam om baie gelowiges se geloof te versterk nie, maar is ook baie belangrik vir hulle wie nie in die lug opgeneem is nie. Daarom, jy moet die wonderlike liefde en genade van God besef, Hy wie enigiets voorsien het vir hulle wie gered gaan word, na die Here se Wederkoms in die lug.

2. Die Millennium

Die bruide wie die Sewe-jaar Bruiloffees afgehandel het, sal na die aarde afkom en vir een duisend jaar saam met die Here regeer (Die Openbaring 20:4). Wanneer die Here na die aarde terugkom, sal Hy dit skoonmaak. Hy sal eerstens die lug suiwer, en dan die natuur pragtig maak.

Besoek Alles Rondom die Nuwe Gereinigde Aarde

Net soos wat 'n pasgetroude paartjie op wittebrood gaan, net so sal jy saam met die Here, jou bruidegom, gedurende die Millennium na die Sewe-jaar Bruiloffees op uitstappies gaan. Waar sal jy dan die graagste wil besoek aflê?

God se kinders, die bruide van die Here, sal graag die aarde hier en daar wil besoek, omdat hulle dit spoedig sal moet verlaat. God sal al die dinge in die Eerste Hemel, soos die aarde waarop die menslike ontwikkeling plaasgevind het, die son, en die maan na 'n ander ruimte, na afloop van die Millennium skuif.

Daarom, na die Sewe-jaar Bruiloffees sal God die Vader die aarde pragtig opknap, sodat jy saam met die Here vir een duisend jaar daar kan regeer, voordat hy dit verskuif. Dit is 'n vooraf beplande proses in God se voorsienigheid, dat Hy alles in die hemel en op die aarde in ses dae geskep het, en op die sewende dag gerus het. Dit is ook om jou nie te laat jammer voel omdat jy die aarde verlaat, wat jy toegelaat word om vir een duisend jaar saam met die Here te kan regeer. Jy sal die genotvolle tyd, om saam met die Here vir een duisend jaar op hierdie pragtige opgenapte aarde te regeer, baie geniet. Deur die besoek van al die plekke, wat jy nie besoek het tydens jou lewe op die aarde, kan jy die blydskap en vreugde voel wat jy nie voorheen ervaar het nie.

Regeer vir Een Duisend Jaar

Gedurende hierdie tyd, is daar geen vyandige Satan en duiwel nie. Net soos in die Tuin van Eden, sal daar net vrede en rus in so gerieflike omgewing wees. Verder, hulle wie gered is en die Here sal op die aarde bly, maar hulle sal nie saam met die vleeslike mense, wie die Groot Beproewing oorleef het, woon nie. Die geredde mense en die Here sal in 'n afsonderlike plek, soos 'n koninklike paleis of kasteel woon. Met ander woorde, geestelikes sal in die kasteel woon, en vleeslikes sal buite die kasteel woon, omdat die geestelike en vleeslike liggame nie saam in een plek kan woon nie.

Geestelike mense sal reeds in geestelike liggame verander het, en die ewige lewe hê. Dus kan hulle lewe deur die blomme se aromas te ruik, somtyds kan hulle saam met vleeslike mense eet, wanneer hulle saam is. Nogtans, selfs al eet hulle, sal hulle nie soos vleeslike mense afvalstowwe uitskei nie. Selfs al eet hulle fisiese voedsel, los dit in die lug op, deur hul asemhaling.

Vleeslike mense sal daarop konsentreer om hulle getalle te vermeerder, omdat daar nie baie oorlewendes na die Sewe-jaar Groot Beproewing is nie. Op hierdie stadium, sal daar geen siektes of sonde wees nie, omdat die lug skoon is en die vyandige Satan en die duiwel nie daar sal wees nie. Dit is omdat die vyandige Satan en die duiwel, wat die sonde beheer, in die bodemlose put gevange gehou word, en die ongeregtigheid en sonde van die menslike natuur nie verlei kan word nie (Die Openbaring 20:3). Verder, omdat daar nie meer dood bestaan nie, sal die aarde weer spoedig met baie mense gevul wees.

Wat sal die vleeslike mense dan eet? Toe Adam en Eva in die Tuin van Eden gewoon het, het hulle slegs vrugte en saaddraende plante geëet (Genesis 1:29). Nadat Adam en Eva teenoor God ongehoorsaam was, en uit die Tuin van Eden uitgedrywe is, het hulle begin om veldplante te eet (Genesis 3:18). Na die vloed van Noag het die wêreld sondiger geword, en God het die mense toegelaat om vleis te eet. Dus sien jy hoe sondiger die wêreld geword het, hoe sondiger het die voedsel geword wat die mense eet.

Gedurende die Millennium, sal mense veldplante of vrugte van die bome eet. Hulle sal geen vleis eet nie, net soos die mense voor die vloed van Noag gedoen het, omdat daar geen sonde of slagtings sal plaasvind nie. Verder, omdat alle beskawings gedurende die oorloë tydens die Groot Beproewing verwoes sal word, sal hulle terugkeer na die eenvoudige leefwyse, en op die aarde, wat deur die Here herbou is, in getalle vermeerder. Hulle sal opnuut begin, in die suiwer natuur wat onbesoedel, rustig en pragtig is.

Bowendien, selfs al het hulle so 'n ontwikkelde beskawing

voor die Groot Beproewing gehad, met baie kennis, vandag se moderne beskawing kan nie binne een of tweehonderd jaar gevestig word nie. Nogtans, met die verloop van tyd en die mense hulle wysheid versamel, mag hulle dalk in staat wees om 'n beskawing gelykstaande aan vandag se vlak, aan die einde van die Millennium ten uitvoer te bring.

3. Hemelse Toekenning Na die Oordeelsdag

Na die Millennium sal God die vyandige Satan en die duiwel, wat in die onderaardse diepte, die bodemlose put, gevange gehou word, vir 'n kort tydjie vrylaat (Die Openbaring 20:1-3). Alhoewel die Here Homself op die aarde regeer, om die vleeslike mense en hulle afstammelinge wie die Groot Beproewing oorleef het, na die ewige saligheid te lei, is hulle geloof nie waarlik nie. Dus, God laat die vyandige Satan en die duiwel hulle versoek.

Baie van die vleeslike mense sal deur die vyandige duiwel verlei word, en die weg van selfvernietiging volg (Die Openbaring 20:8). Dus God se mense sal weereens die rede besef waarom God die hel gemaak het, asook God se groot liefde, Hy wie ware kinders deur die menslike beskawing wil bekom.

Die bose geeste wat vir 'n kort tydjie vrygelaat was, sal weer in die bodemlose put teruggeplaas word, en die Groot Oordeel van die Wit Troon sal plaasvind (Die Openbaring 20:12). Dan, hoe sal die Groot Oordeel van die Wit Troon plaasvind?

God Lei die Oordeel van die Wit Troon

In Julie 1982, terwyl ek vir die opening van die kerk gebid

het, het ek omtrent die Groot Oordeel van die Wit Troon breedvoerig geleer. God het aan my 'n toneel gewys waarin Hy enigiemand oordeel. Voor die Troon van God die Vader staan die Here en Moses, en rondom die Troon staan daar mense wie die rol van die jurie vertolk.

Anders as ander regters van hierdie wêreld, God is volmaak en maak nie foute nie. Nogtans, Hy oordeel saam met die Here, wie optree as die advokaat van liefde, Moses is die aanklaer volgens die wet en ander mense wie as jurielede optree. Die Openbaring 20:11-15 beskryf presies hoe God sal oordeel.

Toe het ek 'n groot wit troon gesien en die Een wat daarop sit. Die aarde en die hemel het voor Hom padgegee, en daar was nie meer plek vir hulle nie. Ek het die dooies, groot en klein, voor die troon sien staan, en die boeke is oopgemaak. Daar is ook 'n ander boek oopgemaak, dit is die boek van die lewe. Die dooies is toe geoordeel volgens wat daar in die boeke geskrywe staan oor alles wat hulle gedoen het. Die see het die dooies teruggegee wat daarin was, en die dood en die doderyk het die dooies teruggegee wat in hulle was, en oor elkeen is geoordeel volgens wat hy gedoen het. Toe is die dood en die doderyk in die vuurpoel gegooi. Dit is die tweede dood, die vuurpoel. As daar gevind is dat iemand se naam nie in die boek van die lewe geskrywe staan nie, is hy in die vuurpoel gegooi.

"Die groot wit troon" verwys hier na die Troon van God, wie die regter is. God, wie sit op die troon wat so helder is, dat dit "wit" vertoon, sal die finale oordeel met liefde en geregtigheid uitvoer, om die kaf en nie die koring hel toe te stuur.

Dit is waarom dit somtyds die Groot Oordeel van die Wit Troon genoem word. God sal presies ooreenkomstig die "boek van die lewe," waarin die name van die gereddes opgeteken is, en ander boeke waarin elke persoon se handelinge opgeteken is, oordeel.

Die Ongereddes Sal Hel Toe Gaan

Voor die Troon van God is daar nie net die boek van die lewe nie, maar ook ander boeke waarin elke persoon, wie nie die Here aangeneem het en wie nie ware geloof het nie, se dade opgeteken staan (Die Openbaring 20:12).

Vanaf die oomblik wat elke persoon gebore is, totdat die Here hulle geeste terugroep, is elke handeling in hierdie boeke opgeteken. Byvoorbeeld, uitvoer van goeie dade, vloek op iemand, slaan van iemand of kwaad word vir iemand is alles deur die engele se hande opgeteken.

Net soos wat jy gesprekke of gebeurtenisse vir lang periodes kan opneem en bewaar, deur middel van video of bandopnames, teken die engele alle situasies in die hemel, op die Almagtige God se bevel op. Daarom, die Groot Oordeel van die Wit Troon sal presies uitgevoer word, sonder enige foute. Hoe, dan, sal die oordeel uitgevoer word?

Die ongeredde persone sal eerste geoordeel word. Hierdie mense kan nie voor God verskyn om geoordeel te word nie, omdat hulle sondaars is. Hulle sal slegs in die Doderyk, die Wagplek van die hel, geoordeel word. Selfs al verskyn hulle nie voor God nie, die oordeel sal net so streng uitgevoer word, asof hulle voor God Homself verskyn.

Onder die sondaars sal God eerstens diegene wie groter sondes het, oordeel. Na die oordeel van al die ongeredde persone, sal hulle almal of in die vuurpoel of die poel met brandende swael ingaan, en ewigdurend gestraf word.

Die Gereddes Ontvang Toekennings in die Hemel

Na die oordeel van die ongereddes op so 'n manier afgehandel is, sal die oordeel van die gereddes volg. Soos in Die Openbaring 22:12 belowe, "Kyk, Ek kom gou! Ek bring die loon saam met My om elkeen te beloon vir wat hy gedoen het," die plekke en belonings in die hemel, sal ooreenkomstig bepaal word.

Die oordeel vir die toekennings sal in vrede voor God plaasvind, omdat dit vir God se kinders is. Die oordeel vir die toekennings vind plaas, in die volgorde van die een met die meeste en grootste toekennings, na die een met die minste toekennings, en daarna sal God se kinders hulle onderskeie plekke ingaan.

Daar sal nie meer nag wees nie. Die mense het nie die lig van 'n lamp en die lig van die son nodig nie, omdat die Here God hulle sal verlig, en hulle sal tot in alle ewigheid regeer (Die Openbaring 22:5).

Ten spyte van baie ontberings en probleme in hierdie wêreld, hoe gelukkig is dit dat jy die hoop vir die hemel het! Daar, leef jy saam met die Here vir ewig met net blydskap en genot, maar sonder trane, hartseer, pyn, siektes of die dood.

Ek het slegs 'n klein beskrywing gegee, omtrent die Sewe-jaar Bruiloffees en die Millennium waartydens jy saam met die Here sal regeer. Indien hierdie tye, wat slegs 'n voorskou is van die lewe in die hemel, so gelukkig is, hoeveel te meer geluk en vreugde moet die lewe in die hemel nie wees? Daarom, moet jy na jou plek hardloop, en toekennings voorberei vir jou in die hemel, tot die oomblik wat die Here terugkom, om jou te kom haal.

HEMEL I

Waarom het ons voorvaders van die geloof, so hard probeer en gely, om die smalweg van die Here te volg, in plaas van die maklike weg van hierdie wêreld? Hulle het baie nagte gevas en gebid om hulle sondes te verwerp, en hulleself aan die Here opgedra, omdat hulle die hemel as hoop gehad het. Omdat hulle in God, wie hulle in die hemel sou beloon ooreenkomstig hulle dade, geglo het, het hulle vuriglik probeer om heilig en gelowig in al God se huishoudings te word.

Daarom, bid ek in die naam van die Here dat jy nie alleenlik aan die Sewe-jaar Bruiloffees sal deelneem en in die Here se arms sal wees nie, maar ook naby die Troon van God in die hemel sal wees, deur jou beste te probeer met 'n ywerige hoop vir die hemel.

Hoofstuk 4

Verborge Geheime van die Hemel Sedert die Skepping

1. Geheime van die Hemel is Sedert Jesus se Tyd Onthul
2. Geheime van die Hemel Onthul by die Eindtyd
3. In My Vader se Huis Is Baie Woonplekke

Hy het hulle geantwoord:
"Aan julle is dit gegee om die geheime van die koninkryk van die hemel te ken, maar aan hulle is dit nie gegee nie. Wie het, vir hom sal nog meer gegee word, en hy sal oorvloed hê; maar wie nie het nie, van hom sal ook die bietjie wat hy het, weggevat word."
Al hierdie dinge het Jesus vir die mense in gelykenisse geleer, en sonder 'n gelykenis het Hy hulle niks geleer nie. So moes vervul word wat die Here deur 'n profeet gesê het: " Ek sal gelykenisse gebruik as Ek praat; Ek sal bekend maak wat geheim gebly het van die skepping af."

- Matteus 13:11-12, 34-35 -

Een dag, terwyl Jesus op die strand gesit het, het baie mense daar byeengekom. Jesus het vir hulle baie dinge deur gelykenisse vertel. Jesus se dissipels het vir Hom toe gevra, "Waarom spreek U tot hulle deur middel van gelykenisse?" Jesus antwoord hulle:

Aan julle is dit gegee om die geheime van die koninkryk van die hemel te ken, maar aan hulle is dit nie gegee nie. Wie het, vir hom sal nog meer gegee word, en hy sal oorvloed hê; maar wie nie het nie, van hom sal ook die bietjie wat hy het, weggevat word. Om hierdie rede praat Ek met hulle in gelykenisse: omdat hulle kyk maar nie sien nie, en hoor maar nie luister en verstaan nie. In hulle geval word die profesie van Jesaja vervul wat sê: 'Julle sal hoor en hoor en tog niks verstaan nie, en kyk en kyk en tog niks sien nie. Hierdie volk se verstand is afgestomp: hulle het hulle ore toegedruk en hulle oë toegemaak sodat hulle nie met hulle oë kan sien en met hulle ore kan hoor en met hulle verstand kan verstaan en hulle bekeer nie, en Ek hulle gesond maak nie.' Maar julle oë is bevoorreg dat hulle sien, en julle ore dat hulle hoor. Dit verseker Ek julle: Baie profete en gelowiges wou graag sien wat julle sien, maar het dit nie gesien nie, en wou graag hoor wat julle hoor maar het dit nie gehoor nie (Matteus 13:11-17).

Net soos Jesus gesê het, baie profete en regverdiges kan nie die geheime van die koninkryk sien of hoor nie, alhoewel hulle dit graag wil sien en hoor.

Nogtans, omdat Jesus, wie Homself God van nature is, afgekom het na die aarde toe (Filippense 2:6-8), was dit toegelaat dat die geheime van die hemel aan Sy dissipels openbaar word.

Soos in Matteus 13:35 geskrywe staan, "So moes vervul word wat die Here deur 'n profeet gesê het: 'Ek sal gelykenisse gebruik as Ek praat; Ek sal bekend maak wat geheim gebly het van die skepping af," Jesus het deur middel van gelykenisse gepraat, om te vervul dit wat in die Skrifgedeeltes geskrywe was.

1. Geheime van die Hemel was sedert Jesus se Tyd Geopenbaar

"Die Boodskap van die Kruis," wat die weg is waardeur ware kinders van God verkry word, was reeds voor die skepping beplan, maar was in die geheim verborge (1 Korintiërs 2:7). Indien dit nie verborge was nie, sou Satan en die duiwel nie vir Jesus gekruisig het nie, en die weg van die menslike saligheid sou nie ontvou word nie.

Op dieselfde wyse, indien die geheime van die hemel nie sedert die tyd van die skepping, verborge gebly het nie, sou die die menslike beskawing nie die geleentheid gehad het om ware kinders van God te verkry nie. Alhoewel, nadat Jesus na die aarde gekom het en Sy Evangeliebediening begin het, het Hy toegelaat dat die geheime van die hemel bekend word, omdat Hy wou hê dat die mense oorvloediglik vrugte moes dra, deur dit te verstaan.

Jesus Openbaar die Geheime van die Hemel deur Gelykenisse

In Matteus 13, is daar baie gelykenisse omtrent die hemel. Dit is omdat, sonder gelykenisse, kan jy nie die geheime van die hemel verstaan en besef nie, selfs al lees jy die Bybel baie keer.

Die koninkryk van die hemel kan vergelyk word met 'n man wat goeie saad op sy land gesaai het (v. 24).

Die koninkryk van die hemel is soos 'n mosterdsaadjie wat

iemand gevat en in sy land geplant het. Dit is die kleinste van al die soorte saad, maar as dit uitgegroei het, is dit groter as die tuinplante en word dit 'n boom, sodat die voëls in sy takke kom nes maak (v. 31-32).

Die koninkryk van die hemel is soos suurdeeg wat 'n vrou gevat en in 'n groot skottel meel ingewerk het totdat dit heeltemal deursuur was (v. 33).

Die koninkryk van die hemel is soos 'n skat wat in 'n saailand onder die grond lê. As iemand dit kry, maak hy dit weer toe; en omdat hy baie in sy skik is, gaan verkoop hy alles wat hy het, en hy koop daardie land (v. 44).

Weereens, die koninkryk van die hemel is soos 'n handelaar wat op soek is na goeie pêrels. As hy 'n baie waardevolle pêrel raakloop, gaan verkoop hy alles wat hy het, en koop die pêrel (v. 45-46).

Weereens, die koninkryk van die hemel is soos 'n treknet wat in die see gegooi is en allerhande soorte vis vang. As dit vol geword het, sleep hulle dit op die strand uit en gaan sit om die goeie vis in mandjies bymekaar te maak, maar die onbruikbares gooi hulle weg (v. 47-48).

Eweneens, Jesus het oor die hemel wat in die geestelike koninkryk is, deur middel van baie gelykenisse gepreek. Omdat die hemel in die onsigbare geestelike koninkryk is, kan jy dit net deur gelykenisse begryp.
Om die ewige lewe in die hemel te bekom, moet jy 'n goeie geloofslewe lei, en weet hoe om die hemel te verkry, en watter soort mense daar sal ingaan, en wanneer dit vervul sal word.
Wat is die uiteindelike doel om kerk toe te gaan, en 'n

geloofslewe te lei? Dit is om gered te word, en hemel toe te gaan. Nogtans, indien jy nie hemel toe kan gaan, alhoewel jy kerk bygewoon het vir 'n lang tydperk, hoe treurig sal jy nie wees nie?

Selfs gedurende Jesus se tyd, het die mense die wet gehoorsaam en bely dat hulle in God glo, maar het nie gekwalifiseer om gered te word, en die hemel in te gaan nie. Vir hierdie rede in Matteus 3:2, het Johannes die Doper verkondig, "Bekeer julle, want die koninkryk van die hemel het naby gekom!" en berei die weg van die Here voor. Ook, in Matteus 3: 11-12, vertel hy vir die mense dat Jesus is die Redder en die Here van die Groot Oordeel, deur te sê, "Ek doop julle wel met water omdat julle julle bekeer het, maar Hy wat ná my kom, is my meerdere, en ek is nie eers werd om sy skoene uit te trek nie. Hy sal julle met die Heilige Gees en met vuur doop. Hy het sy skop in sy hand en Hy sal sy dorsvloer deur en deur skoonmaak. Sy koring sal Hy na die skuur bring, maar die kaf sal Hy met 'n onblusbare vuur verbrand."

Nieteenstaande, die Israeliete van daardie tyd het nie net gefouteer om Hom nie as hulle Redder te erken nie, maar hulle het Hom ook gekruisig. Hoe jammerlik is dit, dat hulle tot vandag toe nog vir die Messias wag!

Die Geheime van die Hemel aan die Apostel Paulus Geopenbaar

Alhoewel die apostel Paulus nie een van Jesus se oorspronklike dissipels was nie, het hy ook geesdriftig omtrent Jesus Christus getuig. Voordat Paulus die Here ontmoet het, was hy 'n Fariseër, wie die wet streng nagekom het asook die ouderlinge se tradisies. Verder was hy 'n Jood met Romeinse burgerskap, wat ook aan die vervolging van die vroeë Christene deelgeneem het.

Nietemin, na die ontmoeting met die Here op die pad na Damaskus, het Paulus sy mening verander, en baie mense op die weg na saligheid gelei, deur op die evangelisasie van die nie-Jode te konsentreer.

God het geweet dat Paulus sou ly weens die baie pyn en vervolging, terwyl hy die evangelie verkondig. Dit is waarom Hy die wonderlike geheime van die hemel aan Paulus geopenbaar het, sodat hy na die wenstreep kan streef (Filippense 3:12-14). God laat hom die evangelie met blydskap verkondig, met die hemel as sy hoop.

Indien jy die Pauliniese Sendbriewe lees, sal jy sien dat hy voluit oor die inspirasie van die Heilige Gees, oor die Here se wederkoms, gelowiges wie in die lug opgeneem word, hulle woonplekke in die hemel, die saligheid van die hemel, ewige toekennings en krone, Melgisedek die ewigdurende priester en Jesus Christus, skrywe.

In 2 Korintiërs 12:1-4, deel Paulus sy geestelike ondervindinge met die kerk in Korinte, wat hy gestig het, wat nie ooreenkomstig God se woord gelewe het nie.

Om te roem, het wel geen sin nie, maar terwyl dit dan nou moet, kom ek by die gesigte en openbarings wat die Here gegee het. Ek ken 'n man wat aan Christus behoort. Veertien jaar gelede is hy weggeruk tot in die derde hemel. Of dit met die liggaam was of sonder die liggaam, weet ek nie, net God weet dit. Ek weet ook dat hierdie man weggeruk is na die paradys toe. Of dit met die liggaam was of sonder die liggaam, weet ek nie, net God weet dit. Daar het hy woorde gehoor wat 'n mens nie kan of mag uitspreek nie.

God het die apostel Paulus uitgekies vir die evangelisasie van die nie-Jode, hom gesuiwer met vuur, en vir hom visie en openbarings gegee. God het toegesien dat hy alle ontberings met liefde, geloof en hoop vir die hemel, oorkom. Byvoorbeeld,

Paulus het getuig dat hy na die Paradys in die Derde Hemel gelei was, en omtrent die geheime van die hemel veertien jaar gelede gehoor het. Dit was egter so wonderlik, dat die mens verbied was om daaroor te praat.

'n Apostel is 'n persoon wie deur God uitverkies is, en Sy wil volkome gehoorsaam. Nietemin, daar was sommige mense tussen die lidmate van die Korintiese kerk wie deur vals leerkragte mislei is, en die apostel Paulus veroordeel het.

Op daardie stadium, het die apostel Paulus al sy ontberings wat hy vir die Here deugemaak het, gelys, en sy geestelike ervaringe met die Korintiërs gedeel, om hulle te lei om pragtige bruide van die Here te word, en ooreenkomstig God se woord te handel. Dit was nie om met sy geestelike ervaringe te spog nie, maar slegs om die kerk van Christus te help bou en te versterk, deur sy apostelskap te verdedig en te bevestig.

Wat jy hier moet besef, is dat die visies en openbarings van die Here, slegs aan hulle gegee kan word, wie in God se oë as geskik bevind word. Verder, ander as die lede van die Korintiese kerk wie deur vals leerkragte mislei is en vir Paulus veroordeel het, moet jy nie enigiemand wie werk om God se koninkryk uit te brei, baie mense red en deur God erken word, veroordeel nie.

Die Geheime van die Hemel aan die Apostel Johannes Vertoon

Die apostel Johannes was een van Jesus se twaalf dissipels en Jesus was baie lief vir hom. Jesus Homself het hom nie alleenlik 'n "dissipel" genoem nie, maar hom ook geestelik opgevoed, sodat hy sy leerkrag van naby kon bedien. Hy was baie opvlieënd, sodat hy dikwels 'n "seun van donder" genoem was, maar hy het 'n apostel van liefde geword, nadat hy deur die krag van God verander is. Johannes het vir Jesus gevolg, opsoek na die hemelse glorie. Hy was ook die enigste dissipel wie Jesus se laaste sewe woorde aan die kruis gehoor het. Hy was gelowig met die uitvoer van sy pligte as dissipel, en het 'n groot figuur in die hemel geword.

As gevolg van ernstige vervolging teenoor Christenskap deur die Romeinse Ryk, was Johannes in kokende olie gegooi, maar nie doodgemaak nie, en na die eiland Patmos verban. Daar, het hy ernstig met God gekommunikeer, en die Boek Die Openbaring, wat vol is van die geheime van die hemel, gedokumenteer.

Johannnes het oor so baie geestelike dinge soos, die Troon van God en die Lam in die hemel, aanbidding in die hemel, die vier lewende wesens rondom God se Troon, die Sewe-jaar Groot Beproewing en die rol van die engele, die Bruiloffees van die Lam en die Millennium, die Groot Oordeel van Wit Troon, hel, Nuwe Jerusalem in die hemel en die bodemlose put, die poel geskryf.

Dit is waarom die apostel Johannes in Die Openbaring 1:1-3 sê, dat die Boek deur die Here se openbaringe en visioene gedokumenteer is, en hy skryf alles neer, omdat alles wat geskrywe is, spoedig gaan plaasvind.

Wat hier volg is deur Jesus Christus geopenbaar. God het die openbaring oor wat binnekort moet gebeur, vir Hom gegee om aan sy dienaars bekend te maak. Jesus het toe sy engel gestuur om sy dienaar Johannes dit alles te laat sien. Johannes is die getuie van wat God gesê en wat Jesus Christus bevestig het; hy getuig van alles wat hy gesien het. Geseënd is die een wat die woorde van hierdie profesie lees, en die mense wat dit hoor en wat ter harte neem wat daarin geskrywe staan, want die eindtyd is naby.

Die frase, "die tyd is naby," dui daarop dat die Here se Wederkoms naby is. Daarom, is dit baie belangrik om die kwalifikasies te hê, om die hemel in te gaan, moet jy deur geloof gered te word.

Selfs al gaan jy elke week kerk toe, kan jy nie gered word nie, tensy jy geloof met dade het. Jesus sê vir jou, "Nie elkeen wat vir My sê: 'Here, Here,' sal in die koninkryk van die hemel ingaan nie, maar net hy wat die wil doen van my Vader wat in die hemel is" (Matteus 7:21). Dus, indien jy nie volgens God se woord handel nie, is dit vanselfsprekend dat jy nie die hemel kan ingaan nie.

Daarom, verduidelik die apostel Johannes die gebeurtenisse en voorspellings van wat gaan plaasvind en vervul gaan word, spoedig breedvoerig in Die Openbaring 4 verder aan, en beslis dat die Here weer sal kom en dat jy jou sondes moet bely, en jouself moet reinig.

Kyk, Ek kom gou! Ek bring die loon saam met My om elkeen te beloon vir wat hy gedoen het. Ek is die Alfa en die Omega, die Eerste en die Laaste, die Begin en die Einde. Geseënd is dié wat hulle klere was, sodat hulle reg kan hê op die boom van die lewe en deur die poorte in die stad kan ingaan (Die Openbaring 22:12-14).

Geestelik, verwys 'n kleed na iemand se hart en optrede. Met verwysing na die was van die kleed word bedoel, om jou sondes te bely en ooreenkomstig God se wil te lewe.

Dus, tot die mate wat jy ooreenkomstig God se woord lewe, sal jy deur die hekke beweeg, totdat jy die mooiste plek in die hemel, Nuwe Jerusalem, ingaan.

In die boek Maat van Geloof wat 'n rukkie later gepubliseer sal word, word dit verduidelik dat selfs geloof 'n proses van groei het. Eweneens, die apostel Johannes klassifiseer geloof in die geloof van kleuters, kinders, jongelinge en vaders.

Daarom, moet jy besef dat hoe meer jou geloof groei, hoe

beter woonplek sal jy in die hemel bekom.

Geheime van die Hemel word selfs Vandag Geopenbaar

Ongeveer een duisend negehonderd jaar het verloop sedert die apostel Johannes die Boek, Die Openbaring, gedokumenteer het, en vandag is die Here se Wederkoms baie nader. Dit is waarom God die geestelike oë van party mense open, en hulle toelaat om die hemel en die hel te sien. Hy sal die geeste van sommige ander toelaat om die hemel en die hel vir 'n sekere tyd te besoek, en hulle aanmoedig om dit wat hulle waargeneem het, aan die gelowiges en ongelowiges oor te dra.

Ek voel jammer dat dit nie moontlik is om 'n groot deel van die hemel en die hel te verduidelik nie, omdat hulle aan so 'n groot geestelike koninkryk behoort. Somtyds, lewer mense die boodskap foutiewelik, of die luisteraars verstaan dit nie heeltemal nie.

Ek het daarna gehunker om meer van die hemel te weet, en het die antwoorde ontvang, en die geheime van die hemel breedvoerig geleer, nadat ek baie keer vir sewe jaar gevas en gebid het. In Mei 1984, net voor my verjaarsdag, het God my beveel om vir drie dae in my gebedsplek te vas. Dit was baie ver weg van my gemeentelede, en Hy het ernstige kommunikasie met my gevoer. Hy het die hemel breedvoerig op daardie tydstip verduidelik, en dit het ongeveer 120 bladsye van kollege notaboeke behels. Hy het die wonderlike, asemrowende en gelukkige lewe in die hemel verduidelik, asook die verskillende woonplekke en toekennings wat mense ooreenkomstig hulle maat van geloof, sal ontvang. Tydens 'n stadium in my evangeliebediening, het ek oor die hemel vir 'n aantal maande gepreek.

Daarna, het God die geheime van die hemel verder

geopenbaar, toe Hy die Boek van Die Openbaring verduidelik het. Hy het na 1998 voortgegaan, om daardie dinge meer breedvoerig te verduidelik. God het so baie dinge geopenbaar, wat verborge was voor die ontstaan van tyd, en net soos wat die apostel Paulus getuig het van "dinge waaroor die mens nie toegelaat word om oor te praat nie," is daar baie dinge waaroor ek nie kan praat nie.

God het om verskeie redes toegelaat dat ek nie alleen die hemel, maar ook die geestelike koninkryk se geheime ken. Eerstens, God wou hê dat ek baie mense deur my getuienis oor God red. Hy wie daar was voor die ontstaan van tyd, en die verkondiging van Jesus Christus die Redder. Tweedens, God, wie heilig en volmaak is, wil Sy kinders lei, om heilig en volmaak te word, en hulle voor te berei vir die Here se Wederkoms, as pragtige bruide deur die verspreiding van die heilige evangelie.

Daarom, moet jy besef dat die einde baie naby is, en in staat wees om Nuwe Jerusalem, wat so helder en mooi soos kristal is, in te gaan deur die evangelie te verkondig, en probeer om jouself as 'n pragtige bruid van Jesus Christus voor te berei.

2. Geheime van die Hemel aan die Eindtyd Geopenbaar

Laat ons delf in die geheime van die hemel wat genot sal verskaf, met die eindtyd deur middel van Jesus se gelykenisse, in Matteus 13.

Hy sal die Sondiges van die Regverdiges Skei

In Matteus 13:47-50 sê Jesus dat die koninkryk van die hemel soos 'n treknet is, wat in die see laat sak word en allerhande soorte visse vang. Wat beteken dit?

Verder gaan dit met die koninkryk van die hemel soos met 'n treknet wat in die see gegooi is en allerhande soorte vis vang. As dit vol geword het, sleep hulle dit op die strand uit en gaan sit om die goeie vis in mandjies bymekaar te maak, maar die onbruikbares gooi hulle weg. So sal dit by die voleinding van die wêreld wees. Die engele sal uitgaan en die slegtes skei van die goeies en hulle in die brandende oond gooi. Daar sal hulle huil en op hulle tande kners.

"Die see" verwys hier na die wêreld, "die vis" na alle gelowiges, die visserman wie die net in die see laat sak en die vis vang, na God. Wat, dan, beteken dit dat God die net laat sak, dit optrek wanneer dit vol is en die goeie vis in mandjies bymekaar maak, en die slegtes weggooi? Dit is om jou te laat verstaan dat by die eindtyd sal die engele kom, die regverdiges na die hemel neem, en die slegtes in die hel gooi.

Vandag dink baie mense dat hulle beslis die koninkryk van die hemel sal ingaan, indien hulle Jesus Christus aanneem. Nogtans sê Jesus duidelik, "Die engele sal uitgaan en die slegtes skei van die goeies en hulle in die brandende oond gooi" (Matteus 13:50). "Die regverdiges" hier dui op hulle wie "regverdiges" genoem word, omdat hulle in hulle harte in Jesus Christus glo, en hulle handelinge dit reflekteer. Jy is nie "'n regverdige" net omdat jy God se woord ken nie, maar net omdat jy Sy gebooie gehoorsaam, en volgens Sy wil handel (Matteus 7:21).

In die Bybel is daar "Te doen," "Moenies," "Bewarings," en Weggooie." Slegs hulle wie ooreenkomstig God se woord lewe, is "regverdiges" en word gereken om geestelike, lewende geloof te hê. Daar word van sommige mense gesê, dat hulle oor die algemeen regverdig is, maar hulle kan verdeel word as "regverdiges" in die oë van die mense of "regverdiges" in die oë van God. Daarom, jy moet in staat wees om die verskil te onderskei tussen die regverdigheid van die mens en die van God, en 'n regverdige mens in God se oë te word.

Byvoorbeeld, indien 'n persoon wie homself as regverdig beskou, steel, wie sal hom as regverdig aanvaar? Indien hulle wie hulleself "kinders van God" noem, voortgaan om te sondig en nie ooreenkomstig God se woord lewe nie, kan hulle nie "regverdiges" genoem word nie. Hierdie soort mense is die sondiges tussen die "regverdiges."

Elke Verskillende Glans van die Hemelliggame

Indien jy Jesus Christus aanneem en ooreenkomstig slegs God se woord lewe, sal jy soos die son in die hemel skitter. Die apostel Paulus het breedvoerig in 1 Korintiërs 15: 40-41, omtrent die geheime van die hemel geskryf.

Daar is hemelliggame en daar is aardse liggame. Die glans van die hemelliggame is anders as dié van die aardse liggame. Die glans van die son is anders as dié maan of dié van die sterre. Ook verskil die een ster se glans van dié van die ander.

Nadat iemand die hemel slegs deur geloof verkry het, is dit verstaanbaar dat die glorie van die hemel ooreenkomstig elkeen se maat van geloof, sal verskil. Dit is waarom daar 'n glorie van die son, maan en sterre is. Selfs onder die sterre verskil die mate van hulle helderheid.

Laat ons na 'n ander geheim van die hemel kyk, deur middel van die gelykenis van die mosterdsaad, soos in Matteus 13:31-32 opgeteken staan.

Jesus het nog 'n gelykenis aan hulle voorgehou en gesê: "Die koninkryk van die hemel is soos 'n mosterdsaadjie wat iemand gevat en in sy land geplant het. Dit is die kleinste van al die soorte saad, maar as dit uitgegroei het, is dit groter as die tuinplante en word dit 'n boom, sodat die voëls in sy takke kom nes maak."

Een mosterdsaad is so klein soos 'n punt wat 'n balpunt pen agterlaat. Selfs hierdie klein saadjie sal groei en 'n groot boom word, sodat die voëls daarin sal kom nes bou. Dus, wat wil Jesus dan vir ons met die gelykenis van die mosterdssaad leer? Die lesse wat geleer moet word, is dat die hemel deur geloof bemagtig word, en dat daar verskillende mates van geloof is. So, selfs al het jy nou 'n "klein" geloof, kan jy dit na 'n "groot" geloof toe opvoed.

Selfs die geloof so Klein soos 'n Mosterdsaad

Jesus sê in Matteus 17:20, "Omdat julle geloof te klein is," sê Hy vir hulle. " Dit veseker Ek julle: As julle maar geloof het so groot soos 'n mosterdsaadjie, sal julle vir hierdie berg sê: 'Gaan staan daar anderkant!' en hy sal gaan. Niks sal vir julle onmoontlik wees nie." In reaksie op Sy dissipels se eis, "Gee ons meer geloof!" Jesus antwoord, "As julle maar geloof so groot soos 'n mosterdsaadjie gehad het, sou julle vir hierdie moerbeiboom kon sê: "Trek jou met wortels en al uit die grond uit en plant jouself in die see,' en hy sou julle gehoorsaam" (Lukas 17:5-6).

Wat, dan, is die geestelike betekenis van hierdie verse? Dit beteken dat wanneer geloof so klein sooos 'n mosterdsaadjie, groei en 'n groot geloof word, sal niks onmoontlik wees nie. Wanneer iemand Jesus Christus aanneem, word geloof so klein soos 'n mosterdsaadjie aan hom gegee. Wanneer hy hierdie saadjie in sy hart saai, sal dit groei. Wanneer dit gegroei het dat dit die grootte van 'n groot boom, waarin die voëls kom nes bou, aanneem, sal jy die werke van God se krag, wat deur Jesus uitgevoer word, soos blindes wie weer kan sien, dowes wie weer kan hoor, stommes wie weer kan praat en dooies wie opgewek word, ervaar.

Indien jy dink dat jy geloof het, maar nie die werke van God se krag kan vertoon nie, en probleme in jou familie of besigheid ondervind, is dit omdat jou geloof so klein soos 'n mosterdsaadjie, nog nie tot die grootte van 'n groot boom gegroei het nie.

Die Groeiproses van Geestelike Geloof

In 1 Johannes 2:12-14, verduidelik die apostel Johannes die groei van geestelike geloof, breedvoerig.

"Ek skrywe vir julle, liewe kinders, omdat julle sondes vergewe is in die Naam van Jesus. Ek skrywe vir julle, vaders, omdat julle Jesus ken wat van die begin af daar was. Ek skrywe vir julle, jongmense, omdat julle die Bose oorwin het. Ek het vir julle geskrywe, kinders, omdat julle die Vader ken. Ek het vir julle geskrywe, vaders, omdat julle Jesus ken wat van die begin af daar was. Ek het vir julle geskrywe, jongmense, omdat julle sterk is en die woord van God in julle bly en julle die Bose oorwin het."

Jy moet besef dat daar is 'n proses van geloofsgroei. Jy moet jou geloof ontwikkel en die geloof van die vaders verkry, waardeur jy in staat sal wees om God te ken, Hy wie voor die ontstaan van tyd daar was. Jy moet nie tevrede wees met die geloofsvlak van 'n kind, wie se sondes deur Jesus Christus vergewe is.

Verder sê Jesus in Matteus 13:33, "Die koninkryk van die hemel is soos suurdeeg wat 'n vrou gevat en in 'n groot skottel meel ingewerk het totdat dit heeltemal deursuur was."

Daarom, moet jy verstaan dat geloofsgroei so klein soos 'n mosterdsaadjie, tot groot geloof, so vinnig uitgevoer kan word, soos wat suurdeeg deur meel werk. Soos wat in 1 Korintiërs 12:9 gesê word, geloof is 'n geestelike gawe, deur God aan jou gegee.

Hemel te Bekom met Alles Wat Jy Het

Jy benodig werklike pogings om die hemel te bekom, omdat die hemel slegs deur geloof bekom kan word, en daar 'n proses in geloofsgroei is. Selfs in hierdie wêreld moet jy hard probeer om welvaart en roem te verwerf, om nie eers te praat van genoeg geld verdien, om byvoorbeeld 'n huis te koop. Jy probeer so hard om al hierdie dinge te koop en te onderhou, niks hiervan kan jy vir ewig hou nie. Hoveel meer, dan, moet jy probeer om die glans en woonplek in die hemel te verkry, wat jy vir ewig sal hê?

Jesus sê in Matteus 13:44, "Met die koninkryk van die hemel gaan dit soos met 'n skat wat in 'n saailand onder die grond lê. As iemand dit kry, maak hy dit weer toe; en omdat hy baie in sy skik is, gaan verkoop hy alles wat hy het, en hy koop daardie land." Hy gaan in Matteus 13:45-46 voort, "Met die koninkryk van die hemel gaan dit soos met 'n handelaar wat op soek is na goeie pêrels. As hy 'n baie waardevolle pêrel raakloop, gaan verkoop hy alles wat hy het, en koop die pêrel."

So, wat is die geheime van die hemel, soos deur die gelykenisse van die verborge skat in die land, en die waardevolle pêrel, geopenbaar? Jesus vertel gewoonlik gelykenisse, met behulp van voorwerpe wat maklik in die daaglikse lewe, verkrygbaar is. Dus, laat ons kyk na die gelykenis van "die verborge skat in die land."

Daar was 'n arm landbouer gewees, wie 'n lewe uit sy daaglikse lone gemaak het. Een dag, het hy op versoek van sy buurman werk toe gegaan. Die landbouer was meegedeel dat die land onvrugbaar was, omdat dit vir 'n baie lang tyd nie gebruik was nie, maar die buurman wou 'n klomp vrugtebome daar plant, sodat die land nie onbenut gelaat word nie. Die landbouer het ooreengekom om die werk te verrig. Hy het die land skoongemaak. Een dag het hy aan die onderkant van die graaf iets baie solied gevoel. Hy het voortgegaan om te grawe en 'n skat in die grond gevind. Die landbouer wie die skat ontdek het, het aan maniere begin gedink hoe hy die skat kon besit. Hy het besluit om die land te koop, waarin die verborge skat was, omdat die grond onvrugbaar was en feitlik nutteloos, het die landbouer gereken dat die eienaar dit maklik sonder probleme sou verkoop.

Die landbouer het na sy huis teruggegaan en alles wat hy besit het skoongemaak, en daarna sy besittings verkoop. Nogtans, hy het geen berou gehad om al sy besittings te verkoop nie, omdat hy die skat ontdek het, wat baie meer werd was as al sy besittings saam.

Die Gelykenis van die Verborge Skat in die Veld

Wat moet jy besef deur die gelykenis van die verborge skat in die veld? Ek hoop dat jy die geheim van die hemel sal verstaan, deur na die geestelike betekenis van die gelykenis in die veld se vier aspekte te kyk.

Eerstens, 'n veld verwys na jou hart en die skat verwys na die hemel. Dit gee te kenne dat die hemel, soos die skat, is in jou hart verborge.

God maak mensewesens met 'n gees, 'n siel en 'n liggaam. Die gees is die meester van die mens, om met God te kommunikeer. Die siel is gemaak om die gees se bevele te gehoorsaam, terwyl die liggaam gemaak is, om as die gees en siel se woonplek te dien. Daarom, God het eers 'n mens gevorm, en daarna het hy 'n lewende wese geword, soos dit in Genesis 2:7 sê.

Nadat die eerste mens, Adam, 'n sonde van ongehoorsaamheid

gepleeg het, het die gees, die meester van die mens egter gesterf, en het die siel begin om die rol van die meester te speel. Mense het toe in meer sonde verval, en die weg van die dood gevolg, omdat hulle nie langer met God kon kommunikeer nie. Hulle was nou mense van die siel, wat onder die vyandige Satan en die duiwel se beheer was.

Dit is waarom die God van liefde Sy enigste Seun Jesus na die aarde gestuur het, om Hom te laat kruisig het en Sy bloed gestort is as die soenoffer, om alle mensewesens van hulle sondes te verlos. As gevolg hiervan is die weg na die saligheid vir jou geopen, om 'n kind van die heilige God te word en weer met Hom te kommunikeer.

Daarom, wie ookal Jesus Christus as sy persoonlike Verlosser aanneem, sal die Heilige Gees ontvang, en sy gees sal herleef. Verder sal hy die reg ontvang om God se kind te word, en sy hart sal met vreude gevul word.

Dit beteken dat die gees kom om met God te kommunikeer, en die siel en die liggaam weer, as die meester van die mens te beheer. Dit beteken ook dat hy kom om God te vrees, en Sy werk te gehoorsaam en die opdragte van die mens uit te voer.

Daarom, herlewing van die gees, is dieselfde as om die skat te vind, wat in 'n veld verborge is. Die hemel is soos die skat wat in die veld verborge is, omdat die hemel nou in jou hart teenwoordig is.

Tweedens, 'n man vind 'n verborge skat in die veld en is bly daaroor, gee te kenne dat indien iemand Jesus Christus aanneem en die Heilige Gees ontvang, sal die dooie gees herleef, en hy sal besef dat die hemel in sy hart is, en verheug wees.

Jesus sê in Matteus 11:12, "Sedert die dae van Johannes die Doper tot nou toe breek die koninkryk van die hemel vir homself 'n pad oop, en mense wat hulle kragtig inspan kry dit in besit." Die apostel Johannes skryf ook in Die Openbaring 22:14, "Geseënd is dié wat hulle klere was, sodat hulle reg kan hê op die boom van die lewe en deur die poorte in die stad kan ingaan."

Wat jy hierdeur kan leer, is dat nie elkeen wie Jesus Christus aanneem, in dieselfde woonplek in die koninkryk van die hemel sal ingaan nie. Tot die mate wat jy aan die Here gelyk en geloofwaardig word, sal jy 'n mooier woonplek in die hemel bekom.

Daarom, hulle wie vir God lief het en hoop vir die hemel, sal ooreenkomstig God se woord met alles handel, en God se ooreenkoms aanneem, deur al hulle sondigheid te verwerp.

Jy besit die koninkryk van die hemel, soveel soos wat jy jou hart met die hemel vul, waar daar slegs goedheid en waarheid is. Selfs op die aarde sal jy vreugde ervaar, wanneer jy besef dat die hemel in jou hart is.

Dit is die soort vreugde wat jy ervaar, wanneer jy Jesus Christus die eerste keer ontmoet. Indien iemand wie bestem was om op die weg van die dood te gaan, deur Jesus Christus 'n ware lewe en die ewige hemel bekom, hoe vreugdevol sal hy wees! Hy sou ook so dankbaar wees, omdat hy in die koninkryk van die hemel in sy hart kan glo. Op hierdie wyse, die blydskap van 'n man wie verheug is oor die vind van 'n verborge skat in die veld, staan vir die blydskap om Jesus Christus aan te neem en om die koninkryk van die hemel in sy hart te hê.

Derdens, om die skat weer te begrawe, nadat dit gevind was, gee te kenne dat iemand se dooie gees weer herleef het, en hy wil volgens God se wil lewe, maar hy kan nie regtig sy wilskrag in handelings omskep nie, omdat hy nog nie die krag om volgens God se woord te lewe, ontvang het nie.

Die landbouer kon nie dadelik die skat opgrawe, nadat hy dit gevind het nie. Hy moes eerstens sy besittings verkoop, en daarna die grond koop. Op dieselfde wyse, weet jy dat daar 'n hemel en 'n hel is en hoe jy die hemel kan ingaan, wanneer jy Jesus Christus aangeneem het, maar jy kan nie jou optrede wys sodra jy begin om na God se woord te luister nie.

Omdat jy 'n onregverdige lewe gelei het, wat uitdagend teenoor God se woord was, voordat jy Jesus Christus aangeneem het, het daar baie ongeregtigheid in jou hart oorgebly. Nogtans, indien jy nie al daardie onwaarheid in jou hart verwerp, terwyl jy bely dat jy in God glo, sal Satan voortgaan om jou na die duisternis te lei, sodat jy nie volgens God se woord kan lewe nie. Net soos wat die landbouer die grond gekoop het, nadat hy al sy besittings verkoop het, kan jy die skat in jou hart ontvang slegs wanneer jy probeer, om die gemoed van onwaarheid te verwerp en 'n rein hart te verkry, soos wat God vereis.

Dus, jy moet die waarheid navolg, wat die woord van God is, deur op God te vertrou en vuriglik te bid. Slegs dan sal die onwaarheid verwerp word en jy die krag ontvang, om volgens God se woord te handel en te lewe. Jy moet dit in gedagte hou, dat die hemel slegs vir hierdie soort mense bestem is.

Vierdens, met die verkoop van alles wat hy gehad het, word te kenne gegee dat vir die dooie gees om te herleef en die meester van die mens te word, moet jy alle onwaarhede wat aan die siel behoort, vernietig.

Wanneer die dooie gees herleef, sal jy besef dat daar 'n hemel is. Jy kan die hemel bekom, deur alle gedagtes van onwaarhede wat aan die siel behoort en deur Satan beheer word, vernietig, deur die geloof met handelinge te laat saamgaan. Dit is dieselfde beginsel as wat 'n kuiken die eierdop moet breek, om in hierdie wêreld in te kom.

Daarom, moet jy alle dade en begeertes van die vlees verwerp, om die hemel ten volle te bekom. "Mag God, wat vrede gee, julle volkome aan Hom toegewyd maak en julle geheel en al, na gees, siel en liggaam, so bewaar dat julle onberispelik sal wees wanneer ons Here Jesus Christus weer kom!" (1 Tessalonisense 5:23).

Dade van die vlees is die beliggaming van die sondigheid in die hart, wat tot die daad lei. Begeertes van die vlees verwys na alle soorte van sonde in die hart, wat enige tyd in dade kan verander, selfs al het dit nog nie uitgeloop op 'n daad nie. Byvoorbeeld, indien jy haat in jou hart het, is dit 'n begeerte van die vlees, en indien hierdie haat daartoe lei dat jy iemand anders slaan, is dit 'n daad van die vlees.

Galasiërs 5:19 -21 bevestig dit ten sterkste, "Die praktyke van die sondige natuur is algemeen bekend: onsedelikheid, onreinheid, losbandigheid, afgodsdiens, towery, vyandskap, haat, naywer, woede, rusies, verdeeldheid, skeuring, afguns, dronkenskap, uitspattigheid en al dergelike dinge. Ek waarsku julle soos ek julle al vroeër gewaarsku het: Wie hom aan sulke dinge skuldig maak, sal nie die koninkryk van God as erfenis verkry nie."

Romeine 13:13-14 sê ook vir ons, "Ons moet welvoeglik lewe soos dit in die daglig hoort. Daar moet geen drinkery en uitspattigheid, geen ontug en onsedelikheid, geen rusie en jaloesie wees nie. Nee, julle moet lewe soos volgelinge van die Here Jesus Christus en nie voortdurend daarop uit wees om julle sondige begeertes te bevredig nie," en Romeine 8:5 sê, "Dié wat hulle deur hulle sondige natuur laat beheers, hou hulle besig met die dinge van die sondige natuur, maar dié wat hulle deur die Gees laat beheers, hou hulle besig met die dinge van die Gees."

Daarom, die verkoop van alles wat jy besit, beteken die afbreking van alle onwaarhede teenoor God se wil in jou siel, en die verwerping van al jou dade en begeertes van die vlees wat nie reg is volgens God se woord nie, asook alles waarvoor jy liewer was, as wat jy vir God gewees het.

Indien jy aanhou om jou sondes en kwaadwilligheid op

hierdie wyse te verwerp, sal jou gees meer en meer herleef, sodat jy volgens God se woord kan lewe en die Heilige Gees se begeertes volg. Uiteindelik sal jy 'n persoon van die gees word en in staat wees om die goddelike natuur van die Here te verkry (Filippense 2:5-8).

Verkry die Hemel Soveel as wat die Hart Uitvoer

Een wat die hemel deur geloof verkry, is die een wie alles verkoop wat hy het, deur alle kwaad te verwerp en in sy hart die hemel ten uitvoer bring. Uiteindelik, wanneer die Here weer kom, sal die hemel wat soos 'n skaduwee gelyk het, 'n werklikheid word en hy sal die ewige hemel verkry. Iemand wie die hemel bekom, is die rykste persoon al het hy in hierdie wêreld alles verloor. Alhoewel, iemand wie nie die hemel verkry nie is die armste persoon, wie inderdaad niks het nie, al het hy enigiets in hierdie wêreld. Dit is omdat enigiets wat jy kortkom is in Jesus Christus, en enigiets buiten Jesus Christus is nutteloos, omdat na die dood wag slegs die ewige oordeel.

Dit is waarom Matteus sy beroep laat vaar het, en vir Jesus gevolg het. Dit is waarom Petrus vir Jesus gevolg het, nadat hy sy boot en vangnet opgegee het. Selfs die apostel Paulus het al sy besittings as nutteloos beskou, nadat hy Jesus Christus aangeneem het. Die rede waarom al hierdie apostels dit kon doen, was omdat hulle die skat wou vind, wat baie meer werd was as enigiets anders in hierdie wêreld, daarom het hulle dit opgegrawe.

Op dieselfde wyse, moet jy jou geloof met dade bewys, deur die ware woord te gehoorsaam en alle onwaarhede wat teen God is, verwerp. Jy moet die koninkryk van die hemel in jou hart ten uitvoer bring, deur alle onwaarhede soos koppigheid, selftrots en hoogmoedigheid, wat jy tot dusver as 'n skat beskou het, van ontslae raak.

Daarom, jy moet jy nie na die wêreld se dinge soek nie, maar van alles ontslae raak wat jy het, om die hemel in jou hart ten uitvoer te bring, sodat jy die ewige koninkryk van die hemel erf.

3. In My Vader Se Huis Is Daar Baie Woonplekke

In Johannes 14:1-3, kan jy sien dat daar baie woonplekke in die hemel is, en Jesus Christus gegaan het om vir jou in die hemel plek voor te berei.

Julle moet nie ontsteld wees nie. Glo in God; glo ook in My. In die huis van my Vader is daar baie woonplek. As dit nie so was nie, sou Ek nie vir julle gesê het Ek gaan om vir julle plek gereed te maak nie. En as Ek gegaan het en vir julle plek gereed gemaak het, kom Ek terug en sal julle na My toe neem, sodat julle ook kan wees waar Ek is.

Die Here het Gegaan om Jou Hemelse Plek Gereed te Maak

Jesus het vir Sy dissipels vertel wat gaan gebeur, net voordat Hy vir die kruisiging gevange geneem was. Terwyl Hy na Sy dissipels gekyk het, wie bekommerd was nadat hulle van Judas Iskariot se verraad, die ontkenning van Petrus en Jesus se dood gehoor het, het Hy hulle gekonfonteer deur vir hulle van die hemelse woonplekke te vertel.

Dit is waarom Hy sê, "In die huis van My Vader is daar baie woonplek. As dit nie so was nie, sou Ek nie vir julle gesê het Ek gaan om vir julle plek gereed te maak nie." Jesus was gekruisig en regtig na drie dae opgewek, en sodoende die mag van die dood gebreek. Dan, na veertig dae, het Hy opgevaar na die hemel terwyl baie mense toegekyk het, om hemelse plekke vir jou gereed te maak.

Dus, wat beteken dit, "Ek gaan om vir jou 'n plek gereed te maak?" Soos geskrywe in 1 Johannes 2:2, "Hy is die versoening vir ons sondes; en nie net vir ons sondes nie, maar ook vir dié van die hele wêreld," dit beteken dat Jesus die sondemuur tussen die mens en God verbreek het, dus enigiemand kan die hemel deur geloof bekom.

Sonder Jesus Christus, kon die sondemuur tussen God en jouself nie omtuimel nie. In die Ou Testament, wanneer 'n persoon 'n sonde gepleeg het, het hy 'n dier as versoening vir sy sonde geoffer. Jesus, egter, het jou in staat gestel om van jou sondes verlos te word, en heilig te word, deur Homself te offer as 'n eenmalige offerande (Hebreërs 10:12-14).

Slegs deur Jesus Christus, kan die sondemuur tussen God en jouself omtuimel, en kan jy die seëning ontvang, om die koninkryk van die hemel in te gaan en die pragtige en gelukkige ewige lewe te geniet.

"In My Vader Se Huis Is Daar Baie Woonplek"

In Johannes 14:2 sê Jesus, "In My Vader se huis is daar baie woonplek." Die hart van die Here, wie wil hê dat elkeen gered moet word, smelt in hierdie vers. Maar wat is die rede waarom Jesus gesê het, "In my Vader se huis," in plaas daarvan om te sê "In the koninkryk van die hemel"? Dit is omdat God nie "stadsbewoners" maar "kinders" wil hê, met wie Hy Sy liefde as hulle Vader vir altyd kan deel.

Die hemel word deur God regeer en is groot genoeg om almal wie deur geloof gered word, te huisves. Verder, is dit so 'n pragtige en fantastiese plek dat dit nie met hierdie wêreld vergelyk kan word nie. In die koninkryk van die hemel, waarvan die grootte ondenkbaar is, is die mooiste en heerlikste plek Nuwe Jerusalem, waar die Troon van God is. Net soos wat daar die Blouhuis in Seoul, die hoofstad van Korea, en die Withuis in Washington, D.C., die hoofstad van die Verenigde State, vir die president van elke land is om in te woon, is in Nuwe Jerusalem die Troon van God.

Waar is Nuwe Jerusalem dan? Dit is in die middel van die hemel, en dit is die plek waar die mense met geloof wie God verheerlik, vir altyd sal woon. Omgekeerd, aan die heel buitekantste kant van die hemel is die Paradys geleë. Net soos die een misdadiger aan die een kant van Jesus, wie Jesus Christus aangeneem het en gered was, sal hulle wie net vir Jesus Christus aangeneem het, maar verder niks vir die koninkryk van God gedoen het nie, sal hulle daar bly.

Die Hemel Word Toegeken Ooreenkomstig die Maat van Geloof

Waarom het God baie woonplekke in die hemel vir Sy kinders gereed gemaak? God is regverdig en laat jou oes wat jy gesaai het (Galasiërs 6:7), en vergoed elke persoon ooreenkomstig vir wat hy gedoen het (Matteus 16:27; Die Openbaring 2:23). Dit is waarom Hy woonplekke ooreenkomstig die maat van geloof, gereed maak.

Romeine 12:3 merk op, "Kragtens die genade wat aan my gegee is, sê ek vir elkeen van julle: Moenie van jouself meer dink as wat jy behoort te dink nie. Nee, lê jou liewer daarop toe om beskeie te wees in ooreenstemming met die maat van geloof wat God aan elkeen toebedeel het."

Daarom, jy moet besef dat die woonplek en die saligheid van elke persoon in die hemel sal verskil, ooreenkomstig elkeen se mate van geloof.

Afhangend tot watter mate jy die hart van God aangeneem

het, sal jou woonplek in die hemel bepaal word. Die woonplek in die ewige hemel sal bepaal word, deur tot watter mate jy as 'n geestelike persoon die hemel in jou hart ten uitvoer gebring het.

Byvoorbeeld, kom ons sê dat 'n kind en 'n volwassene ding mee in 'n sportbyeenkoms of bespreek iets. Die wêreld van kinders en volwassenes is so verskillend, dat kinders spoedig die volwassenes as vervelig sal beskou, om saam met hulle te wees. Die kinders en volwassenes se maniere van dink, taalgebruik en handelinge verskil so baie. Dit sal pret wees wanneer kinders met kinders, jeugdiges met jeugdiges en volwassenes met volwassenes speel.

Geestelik is dit dieselfde. Aangesien elkeen se gees verskil, het die God van liefde en geregtigheid die woonplekke in die hemel verdeel, sodat Sy kinders daar gelukkig sal lewe.

Die Here Kom nadat Hemelse Woonplekke Voorberei is

In Johannes 14:3, belowe die Here dat hy weer sal kom en jou na die koninkryk van die hemel sal neem, nadat Hy die woonplekke in die hemel klaar voorberei het.

Veronderstel daar was 'n persoon wie een keer God se genade ontvang het en baie toekennings in die hemel het, omdat hy gelowig was. Indien hy terugkeer na die weë van die wêreld verloor hy sy saligheid en beland in die hel. Sy baie hemelse toekennings sal waardeloos word. Selfs al gaan hy nie hel toe nie, sal sy toekennings nutteloos wees.

Somtyds wanneer hy God teleurstel deur Hom oneer aan te doen, alhoewel hy eens gelowig was, of as hy een vlak daal of op dieselfde vlak in sy geloofslewe bly, alhoewel hy vordering daarin moet maak, sal sy toekennings verminder.

Nogtans, die Here sal alles onthou wat jy gedoen en probeer het vir die koninkryk van God, om gelowig te wees. Verder, indien jy jou hart heilg maak, om dit deur die Heilige Gees te reinig, sal jy met die Here wees wanneer Hy terugkom en jy sal geseën word, om in 'n plek te woon wat soos die son in die hemel skitter. Omdat die Here al God se kinders volmaak wil hê, sê Hy, "Wanneer Ek gaan om vir jou plek gereed te maak, sal ek weer kom en jou vir Myself neem, sodat waar Ek is, daar mag jy ook wees." Jesus wil hê dat jy jouself sal reinig, soos wat die Here reinig is, en standvastig in hierdie wêreld van hoop moet wees.

Toe Jesus God se wil volkome ten uitvoer gebring het en Hom grootliks verheerlik het, het God vir Jesus verheerlik en Hom 'n nuwe naam gegee: "Koning van konings, Here van heersers." Op dieselfde wyse, so veel as wat jy God in hierdie wêreld verheerlik, sal Hy jou tot saligheid lei. Tot die mate wat jy aan God gelyk word en Hy jou liefhet, sal jy nader aan die Troon van God lewe.

Woonplekke van die hemel wag vir hulle meesters, die kinders van God, net soos bruide wie voorberei om hulle bruidegomme te ontvang. Dit is waarom die apostel Johannes in Die Openbaringe 21:2 skrywe, "En ek het die heilige stad, die nuwe Jerusalem, van God af uit die hemel uit sien afkom. Die stad was gereed soos 'n bruid wat vir haar man versier is."

Selfs die beste dienste van 'n pragtige bruid van hierdie wêreld is onvergelykbaar met die gemak en vreugde, van die hemelse woonplekke. Huise in die hemel het alles en voorsien enigiets deur die meesters se gedagtes te lees, sodat hulle daar baie gelukkig vir ewig sal lewe.

Spreuke 17:3 sê, "Silwer word in 'n smeltkroes gelouter en goud in 'n oond, maar dit is die Here wat die gesindheid toets." Daarom, bid ek in die naam van die Here Jesus Christus dat jy sal besef, dat God mense suiwer om hulle Sy ware kinders te maak, Heilig jouself met die hoop van Nuwe Jerusalem, en beweeg kragdadig na die beste plek in die hemel, deur gelowig in al God se opdragte te handel.

Hoofstuk 5

Hoe Sal Ons in die Hemel Lewe?

1. 'n Algehele Leefstyl in die Hemel

2. Kleredrag in die Hemel

3. Voedsel in die Hemel

4. Vervoer in die Hemel

5. Vermaaklikheid in die Hemel

6. Aanbidding, Opvoeding, en Kultuur in die Hemel

Daar is hemelliggame en daar is aardse liggame. Die glans van die hemelliggame is anders as dié van die aardse liggame. Die glans van die son is anders as dié van die maan of dié van die sterre. Ook verskil die een ster se glans van dié van die ander.

- 1 Korintiërs 15:40-41 -

Die vreugde in die hemel kan selfs nie met die beste en genotvolste dinge op die aarde vergelyk word nie. Selfs al sou jy jouself saam met jou geliefdes op 'n strand geniet, met die horison in sig, is hierdie soort vreugde net tydelik en nie blywend en waarlik nie. Iewers in jou gedagtes bekommer jy jou nog steeds oor dinge wat jy sal moet hanteer, wanneer jy na jou daaglikse lewe terugkeer. Indien jy hierdie soort lewe vir 'n maand of twee of 'n jaar herhaal, sal jy spoedig verveeld raak en begin om vir iets anders uit te kyk.

Nietemin, die lewe in die hemel, waar alles so helder en mooi soos kristal is, is die vreugde vanself, omdat alles nuut, verborge, vrolik en onophoudelik gelukkig is. Jy kan genotvolle tye saam met God die Vader en die Here geniet, of jy kan jou stokperdjies, geliefde speletjies of alle ander dinge geniet, so veel as wat jy wil. Laat ons kyk hoe God se kinders sal lewe, wanneer hulle hemel toe gaan.

1. 'n Algehele Leefstyl in die Hemel

Aangesien jou fisiese liggaam in 'n geestelike liggaam sal verander, wat sal bestaan uit die gees, die siel en die liggaam in die hemel, sal jy daartoe in staat wees om jou vrou, man, kinders en ouers van die aarde te erken. Jy sal ook jou herder of jou kudde van die aarde erken. Jy sal ook onthou wat op die aarde agtergebly het. Jy sal baie wysheid hê, omdat jy in staat is om dinge te onderskei en God se wil verstaan.

Sommiges mag wonder, 'Gaan al my sondes in die hemel ontbloot word?' Dit sal nie gebeur nie. Indien jy reeds jou sondes bely het, sal God jou sondes so ver verwyder as wat die ooste van die weste af is (Psalm 103:12), en slegs jou goeie dade onthou, omdat al jou sondes reeds vergewe is, wanneer jy in die hemel kom.

Dus, wanneer jy hemel toe gaan, hoe gaan jy verander en lewe?

Die Hemelse Liggaam

Menslike wesens en diere op hierdie aarde het hulle eie liggaamsvorme sodat elke lewende wese uitgeken kan word of dit 'n olifant, 'n leeu, 'n arend of 'n mens is.

Net soos wat daar 'n liggaam met sy eie vorm in hierdie driedimensionele wêreld is, is daar 'n unike liggaam in die hemel, wat 'n vier-dimensionele wêreld is. Dit word die hemelse liggaam genoem. In die hemel sal jy elkeen hierdeur herken. Dus, hoe sal 'n hemelse liggaam lyk?

Wanneer die Here weer in die lug kom, verander elkeen van julle in 'n opgewekte liggaam, wat die geestelike liggaam is. Hierdie opgewekte liggaam sal na 'n hemelse liggaam verander, wat 'n hoër vlak is, na die Groot Oordeel. Ooreenkomstig elkeen se toekennings, sal die lig van glorie wat vanaf hierdie hemelse liggaam skyn, verskil.

'n Hemelse liggaam het bene en vlees soos die liggaam van Jesus net nadat Hy opgewek is (Johannes 20:27), maar dit is die nuwe liggaam wat uit 'n gees, 'n siel en 'n onverganklike liggaam bestaan. Ons verganklike liggaam verander in 'n nuwe liggaam deur God se woord en krag.

Die hemelse liggaam bestaan uit ewigdurende onverganklike bene en vlees wat sal glinster, omdat dit verfris en gereinig is. Selfs al het iemand 'n arm of 'n been verloor of gebreklik is, sal die hemelse liggaam tot die volmaakte liggaam herstel word.

Die hemelse liggaam is nie onduidelik soos 'n skaduwee nie,

maar het 'n helder vorm en is nie onder die beheer van tyd en ruimte nie. Dit is waarom, toe Jesus aan Sy dissipels verskyn het, na die opwekking, kon Hy vrylik deur mure beweeg (Johannes 20:26).

Die liggaam op hierdie aarde sal plooie hê en skurf voorkom, wanneer dit verouder, maar die hemelse liggaam sal verfris word as 'n onverganklike liggaam, sodat dit altyd jonk vertoon en soos die son skyn.

Ouderdom van Drie en Dertig

Baie mense wonder of 'n hemelse liggaam so groot soos 'n volwassene of so klein soos 'n kind is. In die hemel, enigiemand of hy jonk of oud gesterf het, sal ewiglik die jeugdige ouderdom van drie en dertig, Jesus se ouderdom toe Hy op hierdie aarde gekruisig is, hê.

Waarom laat God jou op die ouderdom van drie en dertig vir altyd in die hemel woon? Net soos wat die son die helderste is teen twaalfuur, by ongeveer drie en dertig is iemand se lewe by sy toppunt.

Hulle wie jonger as dertig is, mag dalk 'n bietjie onervare en onvolwasse wees, terwyl die oor veertig het 'n gebrek aan energie, soos wat hulle ouer word. Nietemin, teen ongeveer drie en dertig is mense volwasse en pragtig in alle opsigte. Verder, die meeste trou dan en gee geboorte, en voed die kinders op om tot 'n sekere mate, God se hart te kan verstaan. Hy wie die mens op die aarde ontwikkel het.

Op hierdie wyse verander God jou in 'n hemelse liggaam, sodat jy die jeugdige ouderdom van drie en dertig behou, die beste ouderdom van die mens, in die hemel vir ewig.

Daar Is Geen Biologiese Verwantskap

Indien jy in die hemel vir altyd lewe met die fisiese voorkoms, wat jy op die aarde gehad het, hoe snaaks sou dit nie wees nie? Laat ons sê dat 'n man sterf op die ouderdom van veertig en gaan hemel toe. Sy seun gaan hemel toe op die ouderdom van vyftig, en sy kleinseun sterf op die ouderdom van negentig en gaan hemel toe. Wanneer hulle mekaar in die hemel ontmoet, sal die kleinseun die oudste wees en die oupa die jongste.

Daarom, in die hemel waar God met Sy regverdigheid en liefde regeer, sal almal drie en dertig jaar oud wees, en die biologiese en fisiese verwantskap van die aarde sal nie ter sprake wees nie.

Niemand noem enigiemand anders 'vader', 'moeder', 'seun', of 'dogter' in die hemel nie, alhoewel hulle ouers en kinders op die aarde was. Dit is omdat almal mekaar se broer en suster is, wanneer hulle God se kind is. Aangesien hulle weet dat hulle ouers en kinders op die aarde was en baie lief was vir mekaar, kan hulle meer spesiaal lief wees vir mekaar.

Wat indien die moeder na die Tweede Koninkryk van die hemel gaan en haar seun na Nuwe Jerusalem? Op die aarde natuurlik, moes die seun sy moeder dien. In die hemel egter, sal die moeder vir die seun moet buig, omdat hy meer met God die Vader ooreenkom, en die lig wat uit sy hemelse liggaam skyn, sal baie helderder as die van sy moeder wees.

Daarom, jy noem nie ander op hulle name en titels soos op die aarde nie, maar God die Vader gee die nuwe, toepaslike name wat geestelike betekenisse vir elkeen het. Selfs op die aarde het God die name van Abram na Abraham, Sarai na Sarah, en Jakob na Israel verander, wat beteken dat hy met God geworstel het en dit oorkom het.

Verskil tussen Man en Vrou in die Hemel

In die hemel is daar nie huwelike nie, maar daar is 'n duidelike onderskeid tussen 'n man en 'n vrou. Eerstens, 'n man se lengte is tussen ses voet en ses voet twee duim, terwyl 'n vrou ongeveer vier duim korter is.

Sommige mense bekommer hulle oor hulle lengte, omdat hulle te kort of te lank is, maar in die hemel is daar nie rede om daaroor bekommerd te wees nie. Verder is daar ook geen rede om oor jou gewig bekommerd te wees nie, aangesien elkeen die mees paslike en mooi liggaamsvorm sal hê.

'n Hemelse liggaam verteenwoordig nie gewig nie, selfs al blyk dit dat dit gewig het, so dat selfs al loop jy op blomme, word dit nie saamgepers of verkrummel nie. 'n Hemelse liggaam kan nie geweeg word nie, maar kan nie deur die wind weggewaai word nie, omdat dit baie stabiel is. Deur gewig te hê al kan jy dit nie voel nie, beteken dat dit 'n vorm en voorkoms moet hê. Dit is soos wanneer jy 'n vel papier optel, voel jy geen gewig nie, maar weet dat dit tog 'n sekere gewig het.

Die hare is blond met 'n bietjie golwe. Die mans se hare kom af tot in die nek, maar die lengte van die vrouens se hare verskil van mekaar. Om lang hare te hê, vir 'n vrou beteken dat sy groot toekennings ontvang het. Die langste hare kom af tot by die middellyf. Daarom, is dit 'n ontsaglike vreugde en trots vir 'n vrou om lang hare te hê (1 Korintiërs 11:15).

Op die aarde hoop die meeste vrouens vir wit en sagte velle. Hulle wend kosmetiese produkte aan, om hulle velle ferm en sag sonder rimpels te hou. In die hemel, sal almal mooi velle hê, wat so wit, mooi en glad in die lig van glorie skitter.

Verder, omdat daar nie kwaad in die hemel is nie, is dit nie nodig om grimering te dra of oor die uiterlike voorkoms bekommerd te wees nie, omdat alles daar so pragtig lyk. Die lig van glorie wat uit die hemelse liggaam kom, sal witter, duideliker en helderder skyn, ooreenkomstig die mate wat elkeen volkome heilig word en Met God se hart ooreenkom. Die orde word hiervolgens vasgestel en onderhou.

Die Hart van Hemelse Mense

Die mense met die hemelse liggame het die harte van die gees self, wat van nature goddelik is en geensins kwaad ken nie. Net soos wat mense wil aanraak wat goed en mooi is op hierdie aarde, wil selfs die harte van mense met die hemelse liggame die mooi van ander voel, na hulle kyk en met genot aanraak. Nogtans, is daar geen gulsigheid of afguns.

Eweneens, mense verander ooreenkomstig hulle eie voordeel op die aarde, en hulle moeg voel oor dinge, selfs al is dit mooi en goeie dinge. Die harte van mense met die hemelse liggame ken nie sluheid nie, en is onveranderlik.

Byvoorbeeld, mense op die aarde, wanneer hulle arm is, kan selfs goedkoop lae-kwaliteit voedsel baie smaaklik eet. Indien hulle 'n bietjie ryker word, is hulle nie meer tevrede met wat gewoonlik voorheen smaaklik was nie, en hou aan om na beter die voedsel te soek. Wanneer jy 'n nuwe speelding vir die kinders koop, is hulle aan die begin baie gelukkig daarmee, maar na 'n aantal dae voel hulle baie afkerig teenoor dit en soek 'n nuwe een. In die hemel egter, is daar nie so 'n ingesteldheid nie, dus indien jy een keer van iets hou, sal jy altyd daarvan hou.

2. Klere in die Hemel

Sommiges mag dink dat die klere in die hemel dieselfde is, maar dit is nie die geval nie. God is die Skepper en die Regverdige Regter, wie teruggee ooreenkomstig tot wat jy gedoen het. Daarom, net soos wat die toekennings in die hemel verskil, sal die klere ook, ooreenkomstig jou dade op die aarde verskil (Die Openbaring 22:12). Dus, watter soort klere sal jy dra, en hoe sal jy dit in die hemel versier?

Hemelse Klere met Verskillende Kleure en Ontwerpe

In die hemel dra almal basies helder, wit en glinsterende klere. Dit is sag soos sy en baie lig asof dit geen gewig het nie, terwyl dit pragtig rondswaai.

Omdat die mate waartoe elkeen heilig is verskil, sal die ligte en helderheid wat uit die klere straal, ook verskil. Hoe meer iemand aan God se heilige hart gelyk word, hoe helderder en pragtiger sal sy klere skyn.

Verder, afhangend van die aantal werk wat jy vir God se koninkryk gedoen het, en Hom verheerlik het, sal verskeie soorte klere met baie verskillende ontwerpe, ooreenkomstig aan jou gegee word.

Op die aarde dra mense verskillende soorte klere, ooreenkomstig hulle sosiale en ekonomiese status. Eweneens, in die hemel sal jy kleurvoller klere met verskillende ontwerpe dra, soos wat jy hoër posisies beklee. Ook, haarstyle en toebehore is verskillend.

Buitendien, in die ou dae het mense mekaar se sosiale klas aan die kleure van hulle klere herken. Op dieselfde wyse kan hemelse mense mekaar se posisie en die hoeveelheid toekennings wat elkeen in die hemel ontvang het, herken. Deur klere met spesifieke kleure en ontwerpe verskillend van ander te dra, beteken dat hy groter glorie ontvang het.

Daarom, hulle wie Nuwe Jerusalem ingegaan het, of baie vir die koninkryk van God gedoen het, sal die mooiste, kleurvolste en helderste klere ontvang.

Aan die een kant, indien jy nie baie vir die koninkryk van God gedoen het nie, sal jy net 'n paar kledingstukke in die hemel ontvang. Aan die ander kant, indien jy baie met geloof en liefde gedoen het, sal jy ontelbare kledingstukke met baie kleure en ontwerpe ontvang.

Hemelse Klere met Verskillende versierings

God sal klere met verskillende versierings gee, om elkeen se glorie te toon. Net soos wat koninklike families van die verlede hulle posisies uitgedruk het, deur spesiale versierings op hulle klere aan te bring, sal klere in die hemel met verskillende versierings iemand se hemelse posisie en glorie aandui.

Daar is versierings van dank, gebed, vreugde, glorie ensovoorts wat op die klere in die hemel vasgewerk kan word. Wanneer jy in die lewe lofliedere sing met 'n dankbare hart vir die liefde en genade van God die Vader en die Here, of wanneer jy sing om God te verheerlik, ontvang Hy jou hart as 'n pragtige aroma en Hy plaas die versiering van verheerliking op jou klere in die hemel.

Die versierings van vreugde en dank sal pragtig aangebring word, vir die mense wie waarlik bly en dankbaar in hulle harte was, deur God die Vader se genade te onthou, wie die ewige lewe en die koninkryk van God gegee het asook die koninkryk van die hemel, selfs gedurende hartseer en beproewinge op hierdie aarde.

Volgende, die versiering van gebed sal opgesit word vir hulle, wie met hulle lewens vir die koninkryk van God gebid het. Tussen al hierdie, is nogtans die mooiste versiering die van glorie. Dit is die moeilikste om te verdien. Dit word slegs aan hulle, wie alles vir God se glorie met hulle ware harte gedoen het, gegee. Net soos wat 'n koning of 'n president 'n spesiale of 'n ere medalje aan 'n soldaat toeken, vir uitsonderlike dienste, word hierdie versiering van glorie uitsluitlik aan hulle wie moeilike en baie werk verrig het, vir die koninkryk van God verrig het en aan Hom groot glorie gebring het. Daarom, die een wie die klere met die versierings van glorie aantrek, is een van die grootmoedigste van almal in die koninkryk van die hemel.

Toekennings van Krone en Juwele

In die hemel is daar ontelbare juwele. Sommige juwele word as toekennings gegee, en op klere aangebring. In die Boek, Die Openbaring, lees jy dat die Here 'n goue kroon dra en 'n serp om Sy bors, en dit is ook toekennings aan Hom deur God gegee.

Die Bybel meld baie soorte krone. Die vereistes om krone te ontvang en die waardes van die krone is verskillend, omdat dit as toekennings gegee word.

Daar word baie soorte krone ooreenkomstig iemand se dade gegee, soos 'n onverganklike kroon wat aan hulle wie aan 'n wedlooop deelneem gegee word (1 Korintiërs 9:25), die kroon van glorie aan hulle wie God verheerlik het (1 Petrus 5:4), die kroon van die lewe aan hulle wie tot die dood toe gelowig gebly het (Jakobus 1:12; Die Openbaring 2:10), die goue kroon wat die 24 ouderlinge om die Troon van God gedra het (Die Openbaring 4:4, 14:14) en die kroon van geregtigheid waarna die apostel Paulus uitgesien het (2 Timoteus 4:8).

Daar is ook krone met baie verskillende vorme wat met juwele versier is, soos die goudversierde kroon, die blommekroon, die pêrelkroon ensovoorts. Deur middel van die soort kroon wat iemand ontvang, kan jy sy heiligheid en toekennigs erken.

Op die aarde kan enigiemand juwele koop, indien hy geld het, maar in die hemel kan jy slegs juwele hê, indien jy dit as toekennings ontvang. Faktore soos die aantal mense wat jy na saligheid gelei het, die hoeveelheid offers wat jy met 'n ware hart gegee het, en die mate van jou geloofwaardigheid bepaal verskeie soorte toekennings wat aan jou gegee word. Daarom, die juwele en krone moet verskil, omdat dit ooreenkomstig elkeen se dade toegeken word. Dus, die lig, skoonheid, glans en die aantal juwele en krone is ook verskillend.

Dit is dieselfde met die woonplekke en huise van die hemel. Die woonplekke verskil ooreenkomstig elkeen se geloof; die grootte, skoonheid, helderheid van goud en ander juwele vir die persoonlike huise is almal verskillend. Jy sal 'n beter oorsig van al hierdie dinge omtrent woonplekke van die hemel kry, vanaf hoofstuk 6 en verder.

3. Voedsel in die Hemel

Tydens die verblyf van die eerste mens Adam en Eva in die Tuin van Eden, het hulle slegs vrugte en saaddraende plante geëet (Genesis 1:29). Nietemin, nadat Adam uit die Tuin van Eden uitgedrywe was, omdat hy ongehoorsaam was, het hulle begin om die plante van die veld te eet. Na die groot vloed was die mense toegelaat, om vleis te begin eet. Op hierdie wyse, soos wat die mens sondiger geword het, het die soort voedsel ook ooreenkomstig verander.

Wat, dan, sal jy in die hemel eet, waar daar geensins sonde is nie? Sommiges mag wonder of die hemelse liggame ook moet eet. In die hemel kan jy die Water van die Lewe drink, en baie soorte vrugte eet of ruik om vreugde te ontvang.

Die Asemhaling van die Hemelse Liggaam

Soos ons mense op die aarde asemhaal, haal hemelse liggame in die hemel asem. Natuurlik, die hemelse liggaam hoef geensins asem te haal, maar dit kan rus terwyl dit asemhaal, op dieselfde wyse wat jy op die aarde asemhaal. So dit kan nie alleenlik met die neus en mond asemhaal nie, maar ook met sy oë of met die selle in die liggaam of selfs met die hart.

God blaas die geure van ons harte in ons, omdat Hy Gees is. Hy was tevrede met die opofferings van die regverdige mense en het die soet geurigheid, uit hulle harte tydens die Ou Testamentiese tye geruik (Genesis 8:21). In die Nuwe Testament het Jesus, wie suiwer en vlekkeloos is, Homself vir ons gegee, 'n offerande en 'n offergawe aan God as 'n welriekende aroma (Efesiërs 5:2).

Daarom, God ontvang die aroma van jou hart wanneer jy aanbid, bid of lofprysinge met 'n ware hart sing. So baie as wat jy aan God gelyk en regverdig word, kan jy die aroma van Christus versprei, en in ruil daarvoor die kosbare offerande aan God gee. God ontvang jou lofprysinge en gebedes met plesier, deur asemhaling.

In Matteus 26:29, sien jy dat die Here vir jou bid sedert Hy na die hemel opgevaar het, sonder om enigiets vir die laaste twee millennia te eet. Eweneens, in die hemel kan die hemelse liggaam lewe, selfs sonder om te eet of asem te haal. Jy jouself sal vir ewig lewe wanneer jy hemel toe gaan, omdat jy in 'n geestelike liggaam wat onverganklik is, sal verander.

Wanneer die hemelse liggaam asemhaal, kan dit egter meer vreugde en blydskap ervaar, en die gees raak jonger en hernuwe. Net soos wat mense hulle dieet aanpas om hulle gesondheid te behou, geniet die hemelse liggaam in die hemel om die geurige aroma in te asem.

Dus, wanneer baie soorte blomme en vrugte hulle aroma vrystel, asem die hemelse liggame die aroma in. Selfs indien die blomme elke keer dieselfde aroma vrystel, sal dit altyd bly en tevrede voel.

Buitendien, wanneer 'n hemelse liggaam die lieflike aroma van die blomme en vrugte ontvang, deurweek die aroma die liggaam soos parfuum. Die liggaam stel die aroma vry, totdat dit heeltemal verdwyn. Soos wat jy goed voel wanneer jy parfuum op die aarde gebruik, voel die hemelse liggaam gelukkiger om die lieflike aroma te ruik.

Vrystelling deur die Asem

Hoe, dan, eet mense en sit hulle lewens in die hemel voort? In die Bybel sien jy dat die Here voor Sy dissipels verskyn het, na Sy opwekking, en oor hulle geblaas het om die Heilige Gees te ontvang (Johannes 20:22) en saam voedsel geëet (Johannes 21:12-15). Die rede waarom die opgewekte Here 'n bietjie voedsel geneem het, was nie omdat hy honger was nie, maar omdat Hy die vreugde saam met Sy dissipels wou deel en hulle laat besef, dat hulle in die hemel ook as 'n hemelse liggaam sal eet. Dit is waarom dit in die Bybel aangeteken is, dat Christus Jesus het brood en vis vir ontbyt gehad, na Sy opwekking.

Dus, waarom vertel die Bybel jou dat die Here sy asem geblaas het, selfs na Sy opwekking? Wanneer jy in die hemel voedsel ingeneem het, verteer dit dadelik en word deur jou asemhaling vrygestel. In die hemel ontbind die voedsel oombliklik, en verlaat die liggaam deur asemhaling. Dus is dit nie nodig vir uitskeiding of toilette nie. Hoe gemaklik en wonderlik is dit nie, dat die verbruikte voedsel die liggaam deur asemhaling verlaat as aroma en word opgelos!

4. Vervoer in die Hemel

Regdeur die geskiedenis van die mens, soos wat die beskawing en die wetenskap ontwikkel, is vinniger en gemakliker vervoermiddels soos rytuie, waens, motors, skepe, treine, vliegtuie ensovoorts uitgevind.

Daar is baie soorte vervoer in die hemel ook. Daar is 'n publieke vervoerstelsel soos die hemeltrein en private vervoer, soos wolkmotors en goue waens.

In die hemel, kan die hemelse liggaam baie vinnig beweeg of selfs vlieg, omdat dit bo ruimte en tyd beweeg, maar dit is meer pret en genotvol om die vervoer wat as toekennings ontvang is, te gebruik.

Reis en Vervoer in die Hemel

Hoe lekker en vreugdevol sal dit wees, om regdeur die hemel te reis en al die pragtige en wonderlike dinge te sien, wat God gemaak het!

Elke hoek in die hemel het 'n unieke skoonheid, en so kan jy elke deel daarvan geniet. Nogtans, omdat die hart van die hemelse liggaam nooit verander nie, word dit nooit vervelig of moeg om dieselfde plek weer te besoek nie. Dus, om in die hemel te reis is altyd so baie pret en 'n interessante ding om te doen.

Die hemelse liggaam hoef nie regtig op enige vervoermiddel te wees nie, omdat dit nooit uitgeput raak, en kan selfs vlieg. Alhoewel, die gebruik van verskeie voertuie maak dit soveel gemakliker. Dit is soos om bus te ry, is 'n bietjie gemakliker as om te loop, en om 'n huurmotor te neem is gemakliker as om bus te ry of om op die aarde die moltrein te neem.

So indien jy die hemeltrein ry, wat met baie kleure van juwele versier is, kan jy na jou bestemmimg gaan sonder enige spoorweg en jy kan vrylik rondbeweeg, links of regs, of selfs op en af.

Wanneer die mense in die Paradys na Nuwe Jerusalem gaan, sal hulle met die hemeltrein reis, omdat die twee plekke redelik ver van mekaar is. Dit is 'n groot opwinding vir die passasiers. Om te vlieg, deur helder ligte, kan hulle al die mooi tonele van die hemel deur die vensters sien. Hulle voel selfs gelukkiger as om God die Vader te sien.

Tussen die vervoer in die hemel, is daar die goue wa wat deur 'n spesiale persoon in Nuwe Jerusalem gery word, wanneer hy deur die hemel beweeg. Dit het wit vlerke, en daar is 'n knop aan die binnekant. Met daardie knop sal dit outomaties beweeg, en dit kan hardloop of selfs vlieg as die eienaar wil.

Wolkmotor

Die wolke in die hemel is soos 'n versiering, om by te dra tot die hemel se skoonheid. Dus wanneer die hemelse liggaam na plekke gaan, met die wolke wat dit omring, blink die liggaam meer as sonder die wolke. Dit kan ook maak dat ander die waardigheid, glorie en mag van die bewolkte geestelike liggaam eerbiedig.

Die Bybel sê dat die Here op die wolke sal kom (1 Tessalonisense 4:16-17), en dit is omdat, deur op die woke van glorie te kom, is baie meer verhewe, waardig en mooi, as om met niks in die lug te kom nie. Op dieselfde wyse bestaan daar wolke in die hemel, om tot God se kinders se glorie by te dra.

Indien jy gekwalifiseerd is om Nuwe Jerusalem te kan ingaan, kan jy die wonderlike wolkmotor besit. Dit is nie 'n wolk wat deur dampe, soos op die aarde, gevorm word nie, maar word van die hemelse wolkglorie gemaak.

Die wolkmotor toon die eienaar se glorie, waardigheid en mag. Nogtans, nie elkeen kan 'n wolkmotor besit nie, omdat dit slegs aan hulle gegee word wie gekwaliseerd is om Nuwe Jerusalem in te gaan, deur volkome heilig te word, en in God se huis geloofwaardig te wees.

Hulle wie Nuwe Jerusalem ingaan, kan enige plek saam met die Here op hierdie wolkmotor ry. Gedurende die rit, word hulle deur die hemelse gasheer en engele vergesel en bedien. Dit is net soos wanneer 'n koning of 'n prins deur gesant bedien word, wanneer hulle op reis is. Daarom, die mag en glorie van die eienaar word deur die begeleiding en diens, van die hemelse gasheer en engele vertoon.

Die wolkmotors word gewoonlik deur engele bestuur. Daar is eensitplek motors vir privaat gebruik, en veelvoudige sitplek motors waarin baie mense saam kan ry. Wanneer 'n persoon in Nuwe Jerusalem gholf speel en oor die speelveld beweeg, kom 'n wolkmotor en stop by die meester se voete. Wanneer hy inklim, beweeg die motor saggies, nader aan die bal in 'n oomblik.

Stel jou voor jy vlieg in die lug, ry in die wolkmotor en word deur die hemelse gasheer en engele in Nuwe Jerusalem vergesel. Stel jou verder voor, jy ry saam met die Here in 'n wolkmotor, of jy reis deur die uitgestrekte groot hemel met die hemeltrein, saam met jou geliefdes. Jy sou sekerlik met vreugde oorweldig geword het.

5. Ontspanning in die Hemel

Sommiges mag dink dat daar baie min pret is, om as 'n hemelse liggaam te lewe, maar dit is nie so nie. Jy word moeg of kan nie ten volle bevredig word, met hierdie wêreld se pret nie, maar in die geestelike wêreld voel "pret" altyd nuut en verfrissend.

So selfs in hierdie wêreld, hoe meer jy die hele gees ten uitvoer bring, hoe diepsinniger liefde kan jy ervaar en hoe gelukkiger sal jy wees. In die die hemel kan jy nie alleenlik jou stokperdjies geniet nie, maar ook baie soorte vermaak, en dit is onvergelykbaar meer vreugdevol as enige ander vorm van vermaak op die aarde.

Geniet Stokperdjies en Speletjies

Net soos wat mense op die aarde hulle talente ontwikkel en hulle lewens deur hulle stokperdjies meer oorvloedig maak, kan jy ook stokperdjies in die hemel hê en dit geniet. Jy kan nie net 'n voorsmaak kry, waarvan jy op die aarde gehou het nie, maar dit afskaf waarvan jy gehou het om te geniet, om sodoende God se werk so veel as moontlik te doen. Jy kan ook nuwe dinge aanleer.

Hulle wie in musiekintrumente belangstel, kan God verheerlik, deur die harp te bespeel. Jy kan ook leer om die klavier, fluit en baie ander instrumente te bespeel, en jy kan dit baie vinnig leer, omdat almal in die hemel baie verstandiger word.

Jy kan ook gesprekke met die natuur en hemelse diere voer, om tot jou genot by te dra. Selfs plante en diere erken God se kinders en verwelkom hulle, en toon hulle liefde en respek.

Verder, kan jy die sportsoorte soos tennis, basketbal, rolbal, gholf en vlerksweef geniet, maar nie sekere sportsoorte soos stoei en boks nie, aangesien dit beserings kan veroorsaak. Die fasaliteite en toerusting is geensins gevaarlik nie. Dit is gemaak van wonderlike materiale en is met goud en juwele versier, om meer vreugde en plesier te verskaf, terwyl die sport geniet word.

Ook, die sportsoorte wat voorsien word, word in die mense se harte herken en gee nog meer plesier. Byvoorbeeld, indien jy rolbal geniet, die merker of die balle verander hulle kleure, en plaas hulle posisies en afstande soos jy verkies. Die balle beweeg met mooi liggies en vrolike geluide. Indien jy teenoor jou maat wil verloor, beweeg die balle ooreenkomstig jou begeerte, om jou gelukkiger te maak.

In die hemel is daar geen kwaad, dat iemand anders wil wen of verslaan nie. Deur aan ander plesier en voordeel te gee, is ook 'n manier om die spel te wen. Sommiges mag die betekenis daarvan, dat die spel geen wenner of verloorder het nie, bevraagteken, maar in die hemel kry jy nie plesier daaruit om teenoor iemand anders te wen nie. Deur die spel self te speel, is vreugde.

Natuurlik, is daar sekere speletjies waaruit jy plesier ontvang, deur middel van goeie en eerlike mededinging. Byvoorbeeld, daar is 'n speletjie waarin jy kan wen, ooreenkomstig die hoeveelheid geurigheid wat jy van die blomme kan inasem, en hoe jy dit op die beste manier vermeng, om sodoende die beste reuk vry te stel, ensovoorts.

Verskeie Soorte Vermaaklikheid

Sommiges van hulle wie van speletjies hou, vra of daar dan 'n mall in die hemel is. Natuurlik is daar baie speletjies wat baie meer genot verskaf as dit op die aarde.

Anders as op die aarde, maak die speletjies in die hemel jou nooit moeg nie, en belemmer nie jou sig nie. Jy raak ook nie daarmee verveeld nie. Inteendeel, dit verjong jou en daarna is jy kalm. Wanneer jy wen of die beste telling behaal, voel jy baie genotvol en verloor nooit belangstelling nie.

Mense in die hemel is in hemelse liggame, dus voel hulle nooit vreesbevange om vanaf rygoed by vermaaklikheids parke, soos byvoorbeeld 'n tuimeltrein te val nie. Hulle voel slegs die sensasie en die plesier. Dus selfs hulle wie hoogtevrees op die aarde gehad het, kan daardie dinge in die hemel geniet, so veel as wat hulle wil.

Selfs al val jy vanaf die tuimeltrein word jy nie beseer nie, omdat jy in 'n hemelse liggaam is. Jy kan te lande kom soos 'n meester van 'n sekere verweerkuns, of die engele sal jou beskerm. Dus stel jou voor jy ry in 'n tuimeltrein, gillende saam met die Here en al jou geliefdes. Hoe gelukkig en vreugdevol moet dit wees!

6. Godsdiens, Opleiding, en Ontwikkeling in die Hemel

Dit is nie nodig om vir voedsel, klere en behuising in die hemel te werk nie. So sommiges mag wonder, "Wat gaan ons die hele tyd doen? Gaan ons nie hopeloos word, terwyl ons so voortgaan nie?" Nogtans, daar is geen rede om enigsins bekommerd te wees nie.

In die hemel is daar so baie dinge wat jy gelukkig kan geniet. Daar is so baie soorte dinge wat jou sal interesseer en opwindende aktiwiteite en byeenkomste soos speletjies, opleiding, aanbiddingsdienste, partytjies, feeste, reis en sportbyeenkomste.

Jy word nie versoek of gedwing, om aan hierdie aktiwiteite deel te neem nie. Enigiemand doen enigiets vrywilliglik, en doen dit met vreugde, omdat alles wat jy doen vir jou 'n oorvloedige hoeveelheid vreugde besorg.

Godsdiens met Blydskap voor God die Skepper

Net soos wat jy eredienste bywoon en God aanbid op sekere tye op die aarde, aanbid jy God op sekere tye in die hemel ook. Natuurlik, God verkondig die boodskap en deur Sy boodskappe, kan jy van God se oorsprong en die geestelike koninkryk leer, wat nie 'n begin of 'n einde het nie.

Oor die algemeen, hulle wie in hulle studies uitmunt, sal na hulle klasse en onderwyser uitsien. Selfs in die geloofslewe hulle wie vir God lief het, en in die gees en waarheid aanbid, sien uit na die verskeie aanbiddingsdienste om na die stem van die Herder, wie die woord van die lewe verkondig, te luister.

Wanneer jy hemel toe gaan, het jy die vreugde en blydskap om God te aanbid, en die vooruitsig om God se woord te hoor. Jy kan na God se woord gedurende die dienste luister, het tyd om met God te praat, of om na God se woord te luister. Daar is ook tyd vir gebede. Nietemin, jy kniel nie met jou toe oë, soos op die aarde om te bid nie. Dit is die tyd om met God geselsies te hê. Gebede in die hemel is gesprekke met God die Vader, die Here en die Heilige Gees. Hoe gelukkige en genotvolle tye sal dit wees!

Jy kan ook vir God verheerlik, soos wat jy op die aarde gedoen het. Nogtans, is dit nie in enige aardse taal nie, maar jy sal God met nuwe gesange verheerlik. Hulle wie saam deur beproewinge gegaan het, of lede van dieselfde kerk op die aarde, vergader saam met hulle herder om te aanbid en om 'n tyd van kameraadskap te hê.

Hoe aanbid mense dan saam in die hemel, veral omdat hulle woonplekke op verskillende plekke, regdeur die hemel is? In die hemel, die ligte van hemelse liggame verskil in elke woonplek, dus leen hulle die toepaslike klere om na hoërvlak plekke te gaan. Daarom, om die aanbiddingsdienste wat in Nuwe Jerusalem, wat deur die lig van glorie gedek word, by te woon, moet al die mense van ander plekke die toepaslike klere leen.

Deur, net dieselfde diens deur middel van satteliete by te woon, regoor die wêreld op dieselfde tyd, kan jy dieselfde ding in die hemel kan doen. Jy kan die diens wat in Nuwe Jerusalem plaasvind, vanaf enige ander plek in die hemel dophou, maar omdat die skerm in die hemel so natuurlik is, sal jy voel asof jy die diens persoonlik bywoon.

Jy kan ook voorvaders van die geloof, soos Moses en die apostel Paulus, uitnooi om saam te kom aanbid. Nietemin, jy moet 'n geskikte geestelike mag hê, om sulke edele persone te nooi.

Leer omtrent Nuwe en Diep Geestelike Geheime

God se kinders leer baie geestelike dinge terwyl hulle op die aarde ontwikkel word, maar wat hulle hier leer is slegs 'n stappie om na die hemel te kan beweeg. Nadat hulle die hemel ingaan, begin hulle omtrent die nuwe wêreld leer.

Byvoorbeeld, wanneer gelowiges van Jesus Christus sterf, behalwe vir hulle wie na Nuwe Jerusalem gaan, bly hulle in die gebied aan die buitekant van die Paradys, en daar begin hulle aangaande etiket en reëls van die hemel, by die engele leer.

Net soos wat mense van hierdie aarde onderrig moet word, om by die gemeenskap soos wat hulle groei aan te pas, om sodoende in die nuwe wêreld van die geestelike koninkryk te lewe, moet jy volledig geleer word om jouself te lei.

Sommiges mag dalk wonder, waarom hulle steeds nodig het om in die hemel te studeer, terwyl hulle alreeds so baie dinge op die aarde geleer het. Studering op die aarde is 'n geestelike leerproses, en die werklike studies begin eers nadat jy die hemel ingegaan het.

Eweneens, daar is geen einde aan leer nie, omdat God se koninkryk onbeperk is en ewigdurend is. Ongeag hoeveel dat jy leer, jy kan nie alles omtrent God, wie daar was voor die begin van tyd, leer nie. Jy kan nooit die volle diepte van God, wie ewigdurend teenwoordig was en wie die heelal en alles wat daarin is beheer het nie, en ewigdurend daar sal wees, ken nie.

Daarom, jy sal besef dat daar ontelbare dinge is om te leer, wanneer jy die tydlose geestelike koninkryk ingaan. Geestelike studies is baie interessant en pret, anders as sekere studies in hierdie wêreld.

Buitendien, geestelike studies is nooit verpligtend nie, en daar is ook nie toetse nie. Jy vergeet nooit wat jy leer nie, daarom is dit nie moeilik of uitputtend nie. Jy sal nooit in die hemel verveeld of ledig wees. Jy sal net gelukkig wees om nuwe wonderlike dinge te leer.

Partytjies, Feesmale, en Uitvoerings

Daar is baie soorte partytjies en uitvoerings in die hemel ook. Hierdie partytjies is in die hemel die toppunt van plesier. Dit is waar jy die genot en vreugde geniet, om die oorvloed, vryheid, skoonheid en glorie van die hemel met 'n oogopslag te aanskou.

Net soos wat mense op die aarde hulleself baie mooi versier, om na invloedryke partytjies te gaan, te gaan eet, drink en die beste dinge te geniet, kan jy partytjies saam met mense hê wie hulleself baie mooi versier. Die partytjies bestaan uit pragtige danse, sangstukke en geluide van lag en blydskap.

Verder, is daar plekke soos Carnegie Hall in New York Stad of die Sydney Opera Huis in Australië, waar jy verskeie uitvoerings kan geniet. Uitvoerings in die hemel is nie om oor jouself te spog nie, maar slegs om God te verheerlik, blydskap en vreugde aan die Here te gee en dit met ander te deel.

Die kunstenaars is grotendeels diegene wie God op die aarde met lofsange, danse, musiekinstrumente, en toneelstukke verheerlik het. Somtyds mag hierdie mense dieselfde musiekstuk uitvoer, wat hulle op die aarde uitgevoer het. Of, hulle wie hierdie dinge op die aarde wou gedoen het, maar dit nie as gevolg van bepaalde omstandighede kon doen nie, wie God nou in die hemel kan verheerlik met nuwe musiekstukke en danse.

Daar is ook rolprentteaters waarin jy rolprente kan sien. In die Eerste of die Tweede Koninkryk word daar gewoonlik na rolprente in publieke teaters gekyk. In die Derde Koninkryk en Nuwe Jerusalem het elke inwoner in sy huis, sy eie fasaliteit. Mense kan alleen na die rolprente kyk, of hulle kan hulle geliefdes nooi vir 'n rolprent, terwyl hulle verversings geniet.

In die Bybel, was die apostel Paulus na die Derde Hemel, maar hy kon dit nie aan ander openbaar nie (2 Korintiërs 12:4).

Dit is baie moeilik om mense die feite van die hemel te laat verstaan, omdat dit nie 'n wêreld is wat die mense maklik ken of verstaan nie. Inteendeel, daar is 'n baie goeie kans dat hulle dit sal misverstaan.

Die hemel behoort aan die geestelike koninkryk. Daar is so baie dinge in die hemel wat jy nie kan verstaan of jou kan voorstel nie, daar waar net blydskap en vreugde is, wat jy nooit op hierdie aarde sal ervaar nie.

God het so 'n pragtige hemel vir jou voorberei om in te lewe, en Hy moedig jou aan om die nodige kwalifikasies deur die Bybel te bekom, om dit te kan ingaan.

Daarom, ek bid in die naam van die Here, dat jy die Here met die nodige kwalifikasies wat noodsaaklik is, met vreugde sal ontvang, en gereed sal wees as Sy pragtige bruid wanneer Hy weer kom.

Hoofstuk 6

Paradys

1. Die Skoonheid en Vreugde van die Paradys
2. Watter Soort Mense Gaan na die Paradys?

*En [Jesus] sê vir hom,
"Verseker sê Ek vir jou,
Vandag sal jy saam met
My in die Paradys wees."*

- Lukas 23:43 -

Almal wie in Jesus Christus as hulle persoonlike Verlosser glo, en wie se name in die boek van die lewe opgeteken is, sal die ewige lewe in die hemel geniet. Ek het egter reeds verduidelik, dat daar stappe is in geloofsgroei, woonplekke, krone en dat toekennings in die hemel gegee word, afhangende van elkeen se maat van geloof.

Hulle wie meer aan God se hart gelyk word, sal nader aan God se Troon lewe, en hoe verder weg iemand van God se Troon lewe, hoe minder is hulle aan God se hart gelyk.

Paradys is die verste vanaf God se Troon, waar daar die minste lig van God se glorie is, en dit is in die hemel die laagste vlak. Nietemin, is dit steeds onvergelykbaar mooier as die aarde, selfs baie mooier as die Tuin van Eden.

Dus, watter soort plek is die Paradys en watter soort mense gaan daarheen?

1. Die Skoonheid en Vreugde van die Paradys

Die gedeelte aan die buitekant van die Paradys word vir die Wagplek, tot die Groot Oordeelsdag van die Wit Troon gebruik (Die Openbaring 20:11-12). Behalwe hulle wie reeds na Nuwe Jerusalem gegaan het, nadat hulle God se hart ten uitvoer gebring het, en help met God se werksaamhede, wag al die ander wie vanaf die begin gered is, in gedeeltes aan die buitekant van die Paradys.

So jy besef dat die Paradys so 'n wye gedeelte aan die buitekant daarvan het, dat dit vir so baie mense as 'n Wagplek kan dien. Alhoewel die wye Paradys die laagste vlak in die hemel is, is dit steeds 'n onvergelykbaar mooier en gelukkiger plek as die aarde, die plek wat deur God vervloek is.

Verder, omdat dit 'n plek is waar hulle wie op die aarde ontwikkel is, sal ingaan, is daar soveel meer vreugde en blydskap, as in die Tuin van Eden waar die eerste mens, Adam, gewoon het.

Nou, laat ons kyk na die skoonheid en blydskap van die Paradys, wat God openbaar het, en bekend gemaak het.

Wye Vlaktes Vol Pragtige Diere en Plante

Die Paradys is soos 'n wye vlakte waar daar baie goed georganiseerde grasperke en pragtige tuine is. Baie engele onderhou en sorg vir hierdie plekke. Die voëlsang is so duidelik en suiwer, terwyl dit regdeur die hele Paradys weerklank. Hulle lyk amper soos die voëls op die aarde, maar is 'n klein bietjie groter en het mooier vere. Die voëlsang van die groepe is so lieflik.

Die bome en blomme in die tuine is ook so vars en pragtig. Die bome en blomme van die aarde verwelk met die verloop van tyd, maar die bome en blomme van die Paradys verwelk nooit nie. Wanneer mense hulle nader, glimlag die blomme, en somtyds stel hulle unieke reuke vry, sodat jy dit ver kan ruik.

Vars bome dra baie soorte vrugte. Dit is 'n klein bietjie groter as die aarde se vrugte. Die skille blink en dit lyk so baie smaaklik. Jy het nie nodig om die vrugte af te skil nie, omdat daar geen stof of wurms is nie. Hoe pragtig en gelukkig moet die toneel lyk, waar die mense sit op 'n pragtige grasperk en gesprekke voer, met mandjies vol smaaklike en aptytwekkende vrugte?

Daar is ook baie diere op die wye grasperk. Tussen hulle is daar ook leeus wat daar rustig op die gras wei. Hulle is heelwat groter as die leeus op die aarde, maar is geensins aggressief nie. Hulle is so lieflik, omdat hulle sagsinnige geaardhede het, terwyl hulle hare skoon en glinsterend is.

Die Rivier met die Water van die Lewe Vloei Rustig

Die Rivier met die Water van die Lewe vloei regdeur die hemel, van Nuwe Jerusalem tot by die Paradys, dit verdamp of raak nooit besoedel nie. Die water van hierdie rivier wat se oorsprong by die Troon van God is, verfris alles en verteenwoordig God se hart. Dit is die helder en pragtige gemoed wat vlekkeloos, blaamloos en glinsterend, sonder enige duisternis is. Die hart van God is volmaak en volledig in alles.

Die Rivier met die Water van die Lewe wat rustig vloei, is soos flikkerende seewater op 'n sonnige dag, wat deur die sonskyn weerkaats word. Dit is so helder en deurskynend, dat dit nie met enige liggaam of water op die aarde vergelyk kan word nie. Vanaf 'n afstand, vertoon dit blou, en dit is soos die diepblou see van die Middellandse of die Atlantiese Oseaan.

Daar is pragtige banke op die paaie, aan elke kant van die Rivier met die Water van die Lewe. Rondom die banke is daar bome van die lewe, wat elke maand vrugte dra. Die vrugte van die bome van die lewe, is groter as die vrugte van die aarde en dit ruik en proe so smaaklik, dat dit nie voldoende beskryf kan word nie. Dit smelt soos sagte suikerklontjies wanneer jy dit in jou mond sit.

Geen Persoonlike Eiendomme in die Paradys nie

Mense in die Paradys dra wit klere wat in eenstuk geweef is, maar daar is geen versierings soos borsspelde vir klere of enige krone nie, ook geen haarnaalde nie. Dit is omdat hulle niks vir die koninkryk van God gedoen het, terwyl hulle op die aarde gewoon het nie.

Eweneens, omdat hulle almal wie na die Paradys gegaan het, geen toekennings ontvang het nie, is daar geen persoonlike huise, krone, versierings of engele aangewys om hulle te bedien nie. Daar is slegs 'n plek vir die geeste, wie in die Paradys woon, om in te bly. Hulle woon in die plek en bedien mekaar.

Dit is dieselfde met die Tuin van Eden dat daar geen persoonlike huise vir elke bewoner is nie, maar daar is 'n beduidende verskil in die omvang van die twee plekke se vreugde. Mense in die Paradys kan God "Abba Vader" noem, omdat hulle Jesus Christus aangeneem het en die Heilige Gees ontvang, dus voel hulle vreugde wat nie met die Tuin van Eden se vreugde vergelyk kan word nie.

Daarom, dit is so 'n groot seën en kosbare ding dat jy in hierdie wêreld gebore is, en alle soorte goeie en verkeerde dinge ervaar, en ware kinders van God met geloof word.

Paradys Vol Vreugde en Blydskap

Selfs die lewe in die Paradys is vol vreugde en blydskap in die waarheid, omdat daar geen kwaad is nie, en elkeen wil vir die ander die beste voordeel laat kry. Niemand benadeel enigiemand anders nie, maar dien mekaar met liefde. Hoe genotvol sou hierdie lewe gewees het!

Bowendien, om nie bekommerd te wees oor behuising, klere en voedsel en die feit dat daar geen trane, hartseer, siektes, pyn of dood is nie, is self reeds vreugde.

Hy sal al die trane van hulle oë afdroog. Die dood sal daar nie meer wees nie. Ook leed, smart en pyn sal daar nie meer wees nie. Die dinge van vroeër het verbygegaan (Die Openbaring 21:4).

Jy sien ook, dat net soos wat daar hoofengele onder al die engele is, bestaan daar onder die mense in die Paradys ook 'n hiërargie, d.i. verteenwoordigers en die wie verteenwoordig word. Omdat elke persoon se geloofsdade verskil, word hulle wie relatief groter geloof het, as verteenwoordigers aangestel om na 'n plek of 'n groep mense om te sien.

Hierdie mense dra ander klere as die gewone mense in die Paradys, en het met alles voorkeur. Dit is nie iets wat ongewoon is nie, maar dit word deur God se onbevooroordeelde regverdigheid uitgevoer, om sodoende ooreenkomstig iemand se dade, terug te gee.

Omdat daar geen jaloesie of afguns in die hemel is nie, haat of word die mense nooit kwaad wanneer daar beter dinge aan ander mense gegee word nie. Inteendeel, hulle is gelukkig en bly om te sien, dat ander goeie dinge ontvang.

Jy moet besef dat die Paradys 'n onvergelykbare mooier en gelukkiger plek as die aarde is.

2. Watter Soort Mense Gaan na die Paradys?

Die Paradys is 'n pragtige plek wat met God se groot liefde en genade gemaak is. Dit is 'n plek vir hulle wie nie goed genoeg gekwalifiseerd is om God se ware kinders genoem te kan word nie, maar vir God geken het en in Jesus Christus glo, en daarom nie hel toe gestuur kan word nie. Dus, watter soort mense presies gaan na die Paradys toe?

Berou Net Voor Dood

Eerstens, die Paradys is 'n plek vir hulle wie berou het net voor hulle dood en Jesus Christus aanneem, om gered te word, soos die misdadiger wie aan Jesus se een kant tydens die kruisiging, gehang het. Indien jy vanaf Lukas 23:39 verder lees, sal jy twee misdadigers vind, wie aan elke kant van Jesus gekruisig was. Een misdadiger het verwyte na Jesus geslinger, maar die tweede een het die eerste een berispe en berou gehad, en Jesus as sy Saligmaker aangeneem. Toe het Jesus vir die tweede misdadiger, wie berou gehad het, gesê dat hy gered is. Hy het vir die misdadiger gesê, "Waarlik Ek sê vir jou, vandag sal jy saam met My in die Paradys wees." Hierdie misdadiger het net vir Jesus as sy Saligmaker aangeneem. Hy het nie sy sondes verwerp, of volgens God se woord gelewe nie. Aangesien hy die Here net voor sy dood aangeneem het, het hy nie tyd gehad om, omtrent God se woord te leer, en daarvolgens te handel nie.

Jy moet besef dat die Paradys is vir hulle, wie Jesus Christus aangeneem het, maar niks vir God se koninkryk gedoen het nie, soos die misdadiger wie in Lukas 23 beskryf word.

Nogtans, indien jy dink, 'Ek sal die Here aanneem kort voordat ek sterf, sodat ek na die Paradys kan gaan, waar dit so vreugdevol en mooi is en nie met die aarde vergelyk kan word nie,' is dit 'n verkeerde idee. God het toegelaat dat die misdadiger aan sy een kant gered word, omdat Hy geweet het dat die misdadiger goedhartig is en God tot die einde sou liefhê, indien hy genoeg tyd gehad het om te lewe.

Nietemin, nie elkeen kan die Here net voor sy dood aanneem nie, en geloof word nie oombliklik gegee nie. Daarom, jy moet die seldsame geval waarin die misdadiger aan Jesus se een kant net voor sy dood gered is, besef.

Ook, mense wie skandelike saligheid verkry, het nog steeds baie kwaad in hulle harte selfs al is hulle gered, omdat hulle gelewe het net soos wat hulle daarvan gehou het.

Hulle sal vir ewig teenoor God dankbaar wees, net oor die feit dat hulle in die Paradys is en die ewige lewe in die hemel kan geniet, deur net Jesus Christus as hulle Saligmaker aan te neem, sonder om enigiets op die aarde in die geloof te doen.

Die Paradys is so verskillend van Nuwe Jerusalem, waar God se Troon is, maar die feit dat hulle nie hel toe gaan nie, maar gered is, alleen maak hulle so baie bly en vreugdevol.

Gebrek aan Groei in Geestelike Geloof

Tweedens, selfs al neem mense Jesus Christus aan en het geloof, ontvang hulle die skandelike saligheid indien daar geen geloofsgroei was nie. Nie slegs die nuwe gelowiges nie, maar ook diegene wie vir 'n lang tyd reeds glo, moet na die Paradys gaan, indien hulle geloof al die tyd op die eerste geloofsvlak bly.

Eenmaal, het God my toegelaat om die belydenis van 'n gelowige, wie vir 'n lang tydperk gelowig was, te hoor, en huidiglik in die Wagplek van die hemel, op die kant van die Paradys woon.

Hy was gebore uit 'n familie wat nie vir God geken het nie, maar afgode aanbid het, en later in sy lewe begin het, om 'n Christelike lewe te lei. Nogtans, daarna het hy nie ware geloof gehad nie, en steeds 'n sondige lewe gelei en die sig in sy een oog verloor. Hy het eers besef wat ware geloof is, nadat hy my getuienisboek, Ondervind Ewige Lewe Voor Dood, gelees het en as lidmaat van hierdie kerk geregisteer het, en later hemel toe is terwyl hy 'n Christelike lewe by die kerk gelei het.

Ek kon sy belydenis hoor, vol vreugde omdat hy gered is, nadat hy na die Paradys gegaan het, na sy droefheid, pyne en siektes gedurende sy lewe hier op die aarde.

"Ek is so vry en gelukkig om hierheen te kom, nadat ek my vleeslikheid laat vaar het. Ek weet nie waarom ek aan die vleeslike dinge vasgeklou het nie. Dit was alles betekenisloos. Om aan vleeslike dinge vas te klou is so bekenisloos en nutteloos, sedert ek hierheen gekom het en my vleeslike dinge verwerp het.

Gedurende my lewe op die aarde was daar tye van vreugde en dank, teleurstelling en wanhoop. Hierso, wanneer ek na myself kyk binne hierdie gemak en blydskap, word ek herinner aan die tye toe ek probeer vashou het aan die betekenlose lewe en myself in daardie betekenlose lewe gehou het. My siel kom niks kort, nou dat ek in hierdie gemaklike plek is nie, en die feit dat ek in die plek van saligheid self is, gee vir my groot vreugde.

Ek is in hierdie plek baie gemaklik. Ek is so gemaklik, omdat ek die vleeslike dinge verwerp het en neem genoeë daarmee, dat ek na die uitputtende lewe op die aarde na hierdie vredeliewende plek gekom het. Ek het regtig nie geweet dat dit so 'n gelukkige ding sou wees om die vleeslike te verwerp nie, maar ek is so rustig en vrolik nadat ek die vleeslike verwerp het en na hierdie plek gekom het.

Nie in staat om te kan sien of loop nie, asook onbevoeg om baie ander dinge te doen, wat alles 'n fisiese uitdaging op daardie tyd was, maar ek is genotvol en dankbaar nadat ek die ewige lewe ontvang het, en hier na die wonderlike plek kon kom, na al daardie dinge.

Ek is nie in die Eerste, Tweede, Derde Koninkryk of Nuwe Jerusalem nie. Ek is slegs in die Paradys, maar ek is so baie dankbaar en genotvol om in die Paradys te wees.

My siel is tevrede met dit.
My siel is vereer met dit.
My siel is verheug oor dit.
My siel is dankbaar oor dit.

Ek is genotvol en erkentlik, omdat ek die behoeftige en misrabele lewe beëindig het, en gekom het om hierdie gemaklike lewe te geniet."

Agteruitgang in Geloof as gevolg van Beproewinge

Laastens, daar is sommige mense wie gelowig was, maar geleidelik louwarm in hulle geloof geword het, om 'n verskeidenheid redes en skaars saligheid ontvang het.

'n Man wie 'n ouderling in my kerk was, het gelowig baie take in die kerk verrig. Uiterlik het dit gelyk of hy 'n groot gelowige is, maar een dag het hy baie enstig siek geword. Hy kon selfs nie praat nie en het gekom, om my voorbidding te ontvang. In plaas daarvan om vir sy genesing te bid, het ek vir sy saligheid gebid. Op daardie tydstip het sy siel so 'n stryd as gevolg van die vrees gevoer, want die engele het probeer om hom hemel toe te neem, terwyl die bose geeste probeer het om hom hel toe te neem. Indien hy genoegsame geloof gehad het om gered te word, sou die bose geeste nie gekom het om hom te neem nie. Dus het ek dadelik gebid dat die bose geeste uitgedrywe word, en tot God gebid dat Hy hierdie man sal ontvang. Net na die gebed het hy gemaklik geword en trane gestort. Net voor sy dood het hy bely, en was ternouernood gered.

Eweneens, selfs al het jy die Heilige Gees ontvang en die posisie as 'n diaken of ouderling beklee, sal dit in God se oë 'n skande wees, om in sonde te lewe. Indien jy nie hierdie soort louwarm geestelike lewe verwerp nie, sal die Heilige Gees in jou geleidelik verdwyn, en jy sal nie gered word nie.

Ek weet alles wat julle doen. Ek weet dat julle nie koud is nie, en ook nie warm nie. As julle tog maar koud of warm was! Maar, nou, omdat julle lou is, nie warm nie en ook nie koud nie, gaan Ek julle uit my mond uitspoeg (Die Openbaring 3:15-16).

Daarom, moet jy besef dat om na die Paradys te gaan is entlik 'n skandelike saligheid, en meer geesdriftig en sterk omtrent jou geloofsgroei wees.

Hierdie man het tydens 'n vorige geleentheid baie gesonder geword, nadat hy my voorbidding onvang het, en selfs sy vrou het na die lewe teruggekeer van die dood se drumpel, nadat sy my voorbidding ontvang het. Deur na die woorde van die lewe te luister, het sy familie wie baie probleme gehad het 'n gelukkige familie geword. Sedert dan, het hy tot 'n gelowige werker van God deur sy pogings gegroei, en was 'n gelowig in sy pligte.

Nietemin, toe die kerk 'n beproewing belewe, het hy nie probeer om die kerk te verdedig en te beskerm nie, maar eerder toegelaat dat sy gedagtes deur Satan beheer word. Die woorde wat uit sy mond gekom het, het 'n groot sondemuur tussen homself en God gevorm. Uiteindelik, kon hy nie langer onder God se beskerming wees nie, en was deur 'n ernstige siekte getref.

As 'n werker van God, moes hy nie gekyk of geluister het na enigiets wat teen die waarheid of God se wil is nie, maar in plaas daarvan, wou hy na daardie verkeerde dinge luister en dit versprei. God kon slegs sy gesig van hom wegdraai, omdat hy weggedraai het van God se groot genade, om van 'n ernstige siekte genees te word.

Daarom, sy toekennings het verbrokkel en hy kon nie genoeg krag herwin om te bid nie. Sy geloof het ageruitgegaan en stelselmatig die punt bereik, waar hy selfs nie oor sy saligheid seker was nie. Gelukkig, het God sy dienste van die verlede by die kerk onthou. Sodoende kon die man die skandelike saligheid ontvang, nadat God hom die genade gegee om sy dade van wat hy gedoen het, te bely.

Vol van Dankbaarheid oor Redding

So wat se soort belydenisse sou hy maak, nadat hy gered was en na die Paradys gestuur is? Aangesien hy by die kruispad van die hemel en die hel gered was, kan ek hom met ware vrede hoor bely.

"Ek is op hierdie manier gered. Selfs al is ek in die Paradys is ek tevrede, omdat ek verlos is van alle vrees en ontberinge. My gees, wat in die duisternis sou gewees het, het in hierdie pragtige en gemaklike lig gekom."

Hoe groot was sy vreugde nie, nadat hy van die hel se vrees verlos was! Nietemin, nadat hy skandelik as 'n ouderling van die kerk gered was, het God my sy gebed van berou laat hoor, terwyl hy in die Bograf gebly het, voordat hy na die Wagplek in die Paradys gegaan het. Hy het ook daar berou oor sy sondes gehad, en my bedank dat ek vir hom gebid het. Hy het ook aan God plegtig beloof, om voortdurend vir die kerk waar hy gedien het en myself te bid, totdat hy my weer in die hemel ontmoet.

Sedert die begin van die menslike ontwikkeling op die aarde, was daar meer mense gekwalifiseerd om na die Paradys te gaan, as die totaal van alle mense wie in staat was om na enige ander plek in die hemel te gaan.

Hulle wie ternouernood gered was en na die Paradys gaan, is so dankbaar en gelukkig om die gemak en seën van die Paradys te geniet, omdat hulle nie in die hel beland het nie, ten spyte daarvan dat hulle nie behoolike Christelike lewens op die aarde gelei het nie.

Nietemin, die blydskap in die Paradys kan nie eers met dit in Nuwe Jerusalem vergelyk word nie, en dit is ook baie verskillend van die volgende vlak, wat die Eerste Koninkryk van die hemel is. Daarom, jy moet besef wat vir God belangriker is, is nie die jare van jou geloof nie, maar die houding van jou innerlike teenoor God, en jou optrede ooreenkomstig God se wil.

Vandag, baie mense gee toe en lewe van nature sondig, terwyl hulle bely dat hulle die Heilige Gees ontvang het. Hierdie mense kan skaars skandelike saligheid ontvang, en na die Paradys gaan, of uiteindelik in die dood verval, wat die hel is, omdat die Heilige Gees in hulle sal wegsterf.

Of sommige, in naam gelowiges, word arrogant terwyl hulle 'n groot deel van God se woord hoor en leer, en oordeel en verwerp ander gelowiges alhoewel hulle vir 'n lang periode Christelike lewens lei. Ongeag hoe geesdriftig en gelowig hulle is omtrent God se bedienings, is dit van geen waarde indien hulle nie die kwaad in hulle harte besef, en hulle sondes verwerp nie.

Daarom, bid ek in die naam van die Here dat jy, 'n kind van God wie die Heilige Gees ontvang het, jou sondes sal verwerp, asook alle soorte kwaad, om daarna te streef om ooreenkomstig God se woord te handel.

Hoofstuk 7

Die Eerste Koninkryk van die Hemel

1. Sy Skoonheid en Blydskap Oortref die Paradys
2. Watter Soort Mense Gaan na die Eerste Koninkryk?

Almal wat aan 'n wedstryd deelneem, ontsê hulleself allerlei dinge. Hulle doen dit om 'n verganklike oorwinnaarskroon te verkry, maar ons 'n onverganklike.

- 1 Korintiërs 9:25 -

Die Paradys is die plek vir diegene wie Jesus Christus aangeneem het, maar niks met hulle geloof doen nie. Dit is 'n baie mooier en gelukkiger plek as die aarde. So, hoeveel mooier is die Eerste Koninkryk van die hemel, die plek vir diegene wie probeer om volgens God se woord te lewe, dan nie?

Die Eerste Koninkryk is nader as die Paradys aan God se Troon, maar daar is baie ander beter plekke in die hemel. Nietemin, diegene wie die Eerste Koninkryk ingaan, sal tevrede wees met dit wat aan hulle gegee word en daaroor bly wees. Dit is soos 'n goudvis wat tevrede is om in 'n visbak te wees, wil niks meer hê nie.

Jy sal in meer besonderhede kyk na watter soort plek die Eerste Koninkryk van die hemel is, wat een vlak hoër as die Paradys is en watter soort mense daar ingaan.

1. Sy Skoonheid en Blyskap Oortref die Paradys

Aangesien die Paradys die plek is vir diegene wie niks met geloof gedoen het nie, sal daar geen persoonlike eiendomme as toekennings wees nie. Vanaf die Eerste Koninkryk opwaarts, egter, word persoonlike eiendomme en krone as toekennings gegee.

In die Eerste Koninkryk leef hy of sy in hulle eie huis en ontvang 'n kroon wat onverganklik is. Dit so 'n groot glorie op sigself om jou eie huis in die hemel te besit, so elkeen in die Eerste Koninkryk voel die blydskap, wat nie met dit van die Paradys vergelyk kan word nie.

Persoonlike Huise Pragtig Versier

Persoonlike woonplekke in die Eerste Koninkryk is nie aparte huise nie, maar stem ooreen met kamers en woonstelle van die aarde. Nietemin, dit is nie met sement en bakstene gebou nie, maar met pragtige hemelse materiale soos goud en juwele.

Hierdie huise het nie trappe nie, maar slegs pragtige hysbakke. Op die aarde moet jy 'n knoppie druk, maar in die hemel gaan hulle outomaties na die vloer van jou keuse toe.

Tussen hulle wie hemel toe is, is daar hulle wie getuig het dat hulle kamers in die hemel gesien het, dit is omdat hulle die Eerste Koninkryk tussen al die hemelse plekke gesien het. Hierdie kamer-tipe huise het alles wat noodsaaklik is om te lewe, so daar is geensins ongerief nie.

Daar is musiekinstrument vir hulle wie van musiek hou, sodat hulle dit kan bespeel, en boeke vir hulle wie dit geniet om te lees. Elkeen het 'n persoonlike plek waar hy of sy kan rus, en dit is regtig snoesig.

Op hierdie wyse, in die Eerste Koninkryk is die omgewing volgens die meester se voorkeure gemaak. So dit is 'n baie mooier en gelukkiger plek as die Paradys, en vol vreugde en gemak, wat jy nooit op die aarde sal ervaar nie.

Openbare Tuine, Mere, Swembaddens ensovoorts

Aangesien die huise in die Eerste Koninkryk nie enkel huise is nie, is daar openbare tuine, mere, swembaddens en gholfbane. Dit is net soos mense op hierdie aarde wie in kamers woon, hulle deel openbare tuine, tennisbane of swembaddens.

Hierdie openbare eiendomme verweer nooit of word nie afgebreek nie, maar die engele sorg altyd dat dit goed onderhou word. Die engele help die mense om daardie fasaliteite te gebruik, dus is daar nooit ongemak, selfs al is dit openbare eiendomme.

Daar is geen diensdoenende engele in die Paradys nie, maar in die Eerste Koninkryk kan mense hulp van die engele verkry. So hulle voel 'n baie verskillende soort vreugde en blydskap hier. Alhoewel daar geen engel aan 'n spesifieke persoon behoort nie, is daar engele wat na die fasaliteite omsien.

Byvoorbeeld, indien jy dalk vrugte wil hê, terwyl jy met jou geliefdes gesels op 'n goue rusbank naby die Rivier met Water van die Lewe, sal die engele dit dadelik bring en jou hoflik bedien. Aangesien daar engele is wie God se kinders help, is die vreugde en blydskap so baie verskillend van die Paradys.

Die Eerste Koninkryk is Beter as die Paradys

Selfs die kleure en reuke van die blomme, die helderheid en mooiheid van die diere se pelse verskil ook van die diere in die Paradys. Dit is omdat God alles, ooreenkomstig die geloofsvlak van die mense van elke plek in die hemel, voorsien het.

Selfs die mense op die aarde het verskillende standaarde, ten opsigte van skoonheid. Blommekenners, byvoorbeeld, sal die skoonheid van een blomsoort, aan die hand van baie verskillende kritera, beoordeel. Die reuke van blomme van elke woonplek is verskillend. Selfs binne dieselfde plek het elke blom sy unieke geur.

God het die blomme op so 'n wyse voorsien, dat die mense in

die Eerste Koninkryk goed sal voel, wanneer hulle die blomme se reuke ervaar. Natuurlik, vrugte het verskillende smake op verskillende plekke in die hemel. God het ook die kleure en reuke van elke vrug, ooreenkomstig elke woonplek voorsien.

Hoe berei jy voor en bedien, wanneer jy 'n belangrike kuiergas ontvang? Jy sal probeer om die smaak van die gas op elke wyse te ontmoet, tot jou gas se uiterste genot.

Eweneens, God het alles sorgvuldig voorsien, sodat Sy kinders met alles tevrede sal wees.

2. Watter Soort Mense Gaan na die Eerste Koninkryk?

Die Paradys is die plek in die hemel vir diegene wie by die eerste geloofsvlak is, gered is deur in Jesus Christus te glo, maar niks vir God se koninkryk gedoen het nie. Dus, watter soort mense gaan na die Eerste Koninkryk van die hemel, bokant die Paradys, en geniet die ewige lewe daar?

Mense Probeer om Volgens God se Woord te Handel

Die Eerste Koninkryk van die hemel is die plek vir diegene wie Jesus Christus aangeneem het, en probeer om volgens God se woord te lewe. Hulle wie net God aangeneem het, kom Sondae kerk toe en luister na God se woord, maar hulle weet nie wat sonde regtig is nie, waarom hulle moet bid nie, en waarom hulle hul sondes moet verwerp nie. Eweneens, diegene by die eerste geloofsvlak, het die vreugde van die liefde deur wedergebore te word met water en die Heilige Gees ervaar, maar besef nie wat sonde is nie, en het nog nie hulle sondes ontdek nie.

Nietemin, wanneer jy die tweede geloofsvlak bereik, besef jy met behulp van die Heilige Gees, die sondes en die geregtigheid. So jy probeer om volgens God se woord te lewe, maar jy kan nie dadelik so maak nie. Dit is net soos 'n baba wat eers leer om te loop: hy sal dit herhaal en dan neerval.

Die Eerste Koninkryk is die plek vir hierdie soort mense, wie probeer om volgens God se woord te lewe, en die krone wat ewigdurend is, gegee sal word. Net soos wat atlete volgens die reëls van die spel moet speel (2 Timoteus 2:5-6), moet kinders van God die goeie geveg van die geloof veg, volgens die waarheid. Indien jy die reëls van die geestelike koninkryk ignoreer, wat God se wet is, soos 'n atleet wie nie volgens die reëls speel nie, dan het jy 'n dooie geloof. Dan sal jy nie as 'n deelnemer beskou word nie, en geen kroon ontvang nie.

Steeds, aan enigiemand in die Eerste Koninkryk word 'n kroon gegee, omdat hulle probeer het om volgens God se woord te lewe, selfs al was hulle dade nie genoegsaam nie. Nogtans, is dit 'n skandelike saligheid. Dit is omdat hulle nie volkome volgens God se woord gelewe het nie, selfs al het hulle geloof om in die Eerste Koninkryk te kom.

Skandelike Saligheid Indien die Werk Verbrand Word

Dus, wat presies is 'n "skandelike saligheid"? In 1 Korintiërs 3:12-15, sien jy dat die werk wat jy opgebou het, kan oorleef of verbrand word.

Of dit goud, silwer, edelstene, hout, gras of strooi is waarmee iemand op die fondament bou, elkeen se werk sal aan die lig kom. Die dag wanneer Christus kom, sal dit duidelik word. Die dag kom met vuur, en die vuur, sal die gehalte van elkeen se werk toets. As iemand se bouwerk bly staan, sal hy beloon word; as iemand se werk verbrand, sal hy nie beloon word nie, en tog sal hy gered word, maar soos iemand wat uit die vuur geruk is.

Die "fondament" hier verwys na Jesus Christus en beteken dat wat jy ookal op daardie fondament bou, jou werke sal deur beproewinge soos vuur, openbaar word.

Aan die een kant, die werke van diegene wie geloof het soos goud, silwer of kosbare edelstene sal oorbly, selfs gedurende vurige beproewinge, omdat hulle volgens God se woord handel. Aan die ander kant, die werke van diegene wie geloof het soos hout, hooi of strooi sal verbrand wanneer dit vurige beproewinge in die gesig staar, omdat hulle nie volgens God se woord kan handel nie.

Daarom, om die mates van geloof te allokeer, is goud die vyfde (die hoogste), silwer die vierde, kosbare edelstene die derde, hout die tweede en hooi die eerste (laagste) mate van geloof. Hout en hooi het lewe, en die geloof soos hout beteken dat iemand 'n lewende geloof het, maar dat dit swak is. Die strooi, egter, is droog en het geen lewe nie, en dit verwys na diegene wie geen geloof het nie.

Daarom, diegene wie geensins geloof het nie, het niks met saligheid te doen nie. Die hout en die hooi, wie se werke tydens vurige beproewinge sal verbrand, behoort aan die skandelike saligheid. God sal die geloof van goud, silwer of die kosbare edelstene erken, maar dit van hout en hooi kan Hy nie.

Geloof sonder Dade is Dood

Sommiges mag dink, "Ek was 'n Christen vir 'n lang tydperk, so ek moes al vir die eerste geloofsvlak gekwalifiseer het, en ek kan minstens na die Eerste Koninkryk gaan." Nietemin, indien jy ware geloof het, sal jy vanselfsprekend volgens God se woord lewe. Ter bevestiging, indien jy die wet verbreek en nie jou sondes verwerp nie, kan die Eerste Koninkryk en moontlik selfs die Paradys buite jou bereik wees.

Die Bybel vra vir jou in Jakobus 2:14, "Wat help dit, my broers, as iemand beweer dat hy glo, maar sy dade bevestig dit nie? Kan so 'n geloof 'n mens red?" Indien jy geen dade verrig nie, kan jy nie gered word nie. Geloof sonder dade, is dooie geloof. Dus, diegene wie nie teen die sonde veg nie, kan nie gered word nie, omdat hulle net soos iemand is wie 'n muntstuk ontvang het, en dit in 'n doek toegedraai het vir bewaring (Lukas 19: 20-26).

Die "muntstuk" hie verwys na die Heilige Gees. God gee die Heillige Gees as 'n geskenk aan diegene wie hulle harte open en Jesus Christus, as hulle persoonlike Saligmaker, aanneem. Die Heilige Gees stel jou in staat om sonde, die geregtigheid en die oordeel te herken, en help jou om gered te word en hemel toe te gaan.

Aan die een kant, indien jy bely, dat jy in God glo, maar nie jou hart reinig deur die begeertes van die Heilige Gees te volg of volgens die waarheid te handel nie, dan hoef die Heilige Gees nie in jou hart te bly nie. Aan die ander kant, indien jy jou sondes verwerp en met die hulp van die Heilige Gees volgens God se woord handel, kan jy met Jesus Christus, wie self die waarheid is, se hart ooreenkom.

Daarom, God se kinders wie die Heilige Gees as 'n geskenk ontvang het, moet hulle harte reinig en die vrugte van die Heilige Gees dra, om die volmaakte saligheid te bereik.

Fisies Gelowig maar Geestelik Onrein

God het een keer aan my 'n gemeentelid openbaar wie gesterf het en na die Eerste Koninkryk gegaan het, en aan my gewys hoe belangrik geloof gepaardegaande met dade is. Hy het in die kerk se Finansiële Departement vir agtien jaar as 'n lid diens gedoen, sonder om sy hart te veraai. Hy was ook met ander werke van God gelowig, en die titel van ouderling is aan hom gegee. Hy het probeer om vrugte te dra op verskeie gebiede en aan God glorie te bring, en homself dikwels gevra, 'Hoe kan ek God se koninkryk groter ten uitvoer bring?'

Nogtans, was hy nie so suksesvol gewees nie, omdat hy somtyds vir God oneer aangedoen het, deur nie die regte weg te volg nie, as gevolg van sy vleeslike gedagtes en sy hart wat dikwels sy eie goedheid begeer het. Ook, het hy oneerlike opmerkings gemaak, het vir ander mense kwaad geword, en teenoor God se woord dikwels ongehoorsaam gewees.

Met ander woorde, omdat hy fisies gelowig was, maar nie sy hart gereinig het nie – wat die belangrikste ding is – het hy by die tweede geloofsvlak gebly. Verder, indien sy finansiële en interpersoonlike probleme aangehou het, sou hy nie sy geloof behou het nie, maar met die ongeregtigheid probeer skik het.

Aan die einde, omdat die omvang van sy geloof se

agteruitgang hom dalk nie sal toelaat, om die Paradys in te gaan nie, het God sy siel op die beste tyd herroep.

Deur geestelike kommunikasies na sy dood, het hy sy dankbaarheid betuig en baie dinge bely. Hy het bely dat hy leraars se gevoelens seergemaak het, deur nie die waarheid te volg nie, veroorsaak het dat ander afvallig geword het, ander beledig het en nie opgetree het, nadat hy na God se woord geluister het nie. Hy het ook gesê dat hy altyd die druk gevoel het, omdat hy nie sy foute behoorlik bely het terwyl hy op die aarde was nie, maar was nou bly, omdat hy sy foute kon bely.

Verder, het hy ook gesê dat hy dankbaar is, dat hy nie in die Paradys as 'n ouderling opgeëindig het nie. Dit is nog steeds skandalig om in die Eerste Koninkryk as 'n ouderling te wees, maar hy voel baie beter, omdat die Eerste Koninkryk 'n baie heerliker plek as die Paradys is.

Daarom, jy moet besef dat die belangrikste ding is om jou hart te reinig, eerder as fisiese gelowigheid en die titels.

God Lei Sy kinders na 'n Beter Hemel deur Beproewinge

Net soos wat daar baie ure se afrigting en harde oefening vir 'n atleet nodig is om te wen, moet jy ook beproewinge deurmaak om na 'n beter woonplek in die hemel te gaan. God laat beproewinge toe vir Sy kinders om hulle te lei, om na beter plekke in die hemel te kan gaan. Die beproewinge kan in drie klasse verdeel word.

Eerstens, is daar beproewinge om sondes te verwerp. Om

ware kinders van God te word, moet jy teen die sondes veg tot die punt om jou bloed te stort, sodat jy die sondes volkome kan verwerp. Nogtans, somtyds straf God Sy kinders omdat hulle nie hulle sondes verwerp nie, maar voortgaan om in sonde te lewe (Hebreërs 12:6). Net soos wat ouers somtyds hulle kinders straf, om die regte weg te volg, laat God sometyds beproewinge toe, sodat Sy kinders volmaak kan wees.

Tweedens, is daar beproewinge om die volmaakte uitverkorene te maak, en seëninge te gee. Dawid het selfs toe hy 'n jong seun was sy skape gered, deur 'n beer of 'n leeu dood te maak, wat van sy kudde gevreet het. Sy geloof was so groot dat hy selfs vir Goliat doodgemaak het, wie deur die hele Israelse weermag gevrees was, met slegs 'n slingervel en 'n klip, deur net op God te vertrou. Die rede waarom hy steeds beproewinge moes deurmaak, is onder andere omdat hy deur Koning Saul vervolg was. God het daardie beproewinge toegelaat, om van Dawid 'n groot uitverkorene en koning te maak.

Derdens, is daar beproewinge om 'n einde te maak aan leeglêery, omdat mense van God mag wegbly, indien hulle in 'n gemaksone is. Byvoorbeeld, daar is sommige mense wie in God se koninkryk gelowig is, en gevolglik finansiële seëninge ontvang. Hulle stop dan om te bid, en hulle geesdrif teenoor God koel af. Indien God hulle los soos hulle is, mag hulle dalk sterf. So Hy laat beproewinge vir hulle toe, sodat hulle weer helder kan dink.

Jy moet jou sondes verwerp, regverdig handel en 'n behoorlike uitverkorene in God se oë wees wie God se hart ken, Hy wie die geloofsbeproewinge toelaat. Ek hoop dat jy die volle wonderlike seëninge wat God vir jou voorberei het, sal ontvang.

Sommiges mag sê, "Ek wil verander, maar dit is nie maklik

nie, selfs al sal ek probeer ." Nietemin, hy sal sulke dinge sê, nie omdat dit regtig moeilik is om te verander nie, maar meer omdat hy nie die erns en passie het, diep in sy hart om te verander nie.

Indien jy God se woord regtig geestelik besef, en diep uit jou probeer om te verander, kan jy vinnig verander, omdat God vir jou die genade en krag gee om so te doen. Die Heilige Gees help jou natuurlik ook daarmee. Indien jy slegs God se woord in jou kop het as 'n bron van kennis, maar nie daarvolgens handel nie sal jy maklik trots en verwaand raak, en dit sal vir jou moeilik word om gered te word.

Daarom, bid ek in die naam van die Here dat jy nie die geesdrif en vreugde van jou eerste liefde sal verloor nie, en aanhou om die begeerte van die Heilige Gees te volg, sodat jy 'n beter plek in die hemel kan bekom.

Hoofstuk 8

Die Tweede Koninkryk van die Hemel

1. Pragtige Persoonlike Huis aan Elkeen Gegee
2. Watter Soort Mense Gaan na die Tweede Koninkryk?

As mede-ouderling en getuie van die lyding van Christus en ook deelgenoot aan die heerlikheid wat geopenbaar sal word, dring ek by die ouderlinge onder julle daarop aan: Pas die kudde van God wat aan julle toevertrou is, goed op. Hou toesig oor hulle, nie uit dwang nie, maar gewillig soos God dit verwag; nie om eie gewin nie, maar uit toewyding; ook nie deur baas te speel oor dié wat God aan julle sorg toevertrou het nie, maar deur 'n voorbeeld vir die kudde te wees. En dan wanneer die Opperherder kom, sal julle die heerlikheid as onverganklike kroon ontvang.

- 1 Petrus 5:1-4 -

Aan die een kant, ongeag hoeveel jy van die hemel hoor, sal dit van geen waarde wees indien jy dit nie in jou hart besef nie, omdat jy dit nie kan glo nie. Net soos wat 'n voël 'n saadkorrel oppik wat op die pad gesaai is, ruk die vyandige Satan en die duiwel die woord omtrent die hemel, van jou af weg (Matteus 13:19).

Aan die ander kant, indien jy na die woord omtrent die hemel luister en dit aangryp, kan jy 'n lewe van geloof en hoop lewe en 'n oes lewer van dertig, sestig of honderdvoudig van wat gesaai was. Aangesien jy volgens God se woord handel, kan jy nie alleenlik jou plig vervul nie, maar ook heilig en gelowig in God se huis wees. Dus, wat se plek is die Tweede Koninkryk van die hemel en watter soort mense gaan daarheen?

1. Pragtige Persoonlike Huis aan Elkeen Gegee

Ek het alreeds verduidelik dat diegene wie na die Paradys of die Eerste Koninkryk gaan, was skandelik gered, omdat hulle werke nie blywend is, wanneer hulle aan vurige beproewinge blootgestel word nie. Nietemin, diegene wie na die Tweede Koninkryk gaan, besit 'n soort geloof wat die vurige beproewinge deurstaan, en ontvang toekennings wat nie met die in die Paradys en die Eerste Koninkryk vergelyk kan word nie, volgens God se geregtigheid wat gesaai is.

Daarom, indien die blydskap van die een wie na die Eerste Koninkryk gegaan het, vergelyk word met die vreugde van 'n goudvis in 'n visbak, kan die vreugde van iemand wie na die Tweede Koninkryk gegaan het, dalk met die vreugde van 'n walvis in die groot Stille Oseaan vergelyk word.

Nou, laat ons na die karaktereienskappe van die Tweede

Koninkryk kyk, met die fokus op die huise en die lewe.

Enkelverdieping Persoonlike Huis vir Elkeen Gegee

Die huise van die Eerste Koninkryk is soos vertrekke, maar daardie van die Tweede Koninkryk is volkome onafhanklike enkelverdieping privaat geboue. Die huise in die Tweede Koninkryk kan nie met enige ander pragtige huise of kothuise in die wêreld vergelyk word nie. Hulle is verhewe, pragtig en deftig met blomme en bome versier.

Indien jy na die Tweede Koninkryk gaan, kry jy nie alleenlik die huis nie, maar ook jou gunsteling voorwerp. Indien jy 'n swembad wil hê, sal aan jou een pragtige versierde swembad met goud en alle soorte juwele gegee word. Indien jy 'n pragtige meer wil hê, sal daar aan jou 'n meer gegee word. Indien jy 'n danssaal wil hê, sal daar ook 'n danssaal aan jou gegee word. Indien jy daarvan hou om te stap, sal aan jou 'n pragtige pad vol wonderlike blomme en plante gegee word, waar baie diere speel.

Nietemin, selfs al wil jy al die fasaliteite soos 'n swembad, 'n meer, die danssaal, die pad ensovoorts hê, kan jy slegs een ding, waarvan jy die meeste hou, kry. Aangesien mense in die Tweede Koninkryk verskillende dinge besit, besoek hulle mekaar se huise en geniet saam wat hulle het.

Indien iemand wie 'n danssaal het, maar nie 'n swembad nie graag wil swem, kan hy na sy buurman gaan wie 'n swembad het en homself geniet. In die hemel dien mense mekaar, en geen besoeker val hulle lastig of word verstoot nie. Inteendeel, hulle voel meer verheug en gelukkiger. So indien jy iets wil geniet, besoek jou bure en geniet wat hulle het.

Eweneens, die Tweede Koninkryk is baie beter as die Eerste Koninkryk, ten opsigte van alle aspekte. Natuurlik, egter, kan dit geensins met Nuwe Jerusalem vergelyk word nie. Hulle het nie engele wie elke kind van God bedien nie. Die grootte, skoonheid, en prag van die huise is so verskillend, en die materiaal, kleure en die helderheid van die juwele wat daardie huise versier, is ook so verskillend.

Deurplaat met Mooi en Pragtige Lig

'n Huis in die Tweede Koninkryk is 'n enkelverdieping gebou met 'n deurplaat. Die deurplaat dui die naam van die huiseienaar aan, en in sommige spesiale gevalle dui dit ook die naam van die kerk wat die eienaar gedien het, aan. Dit is op die deurplaat geskrywe, waarvandaan mooi en pragtige ligte skerp skyn tesame met die eienaar se naam, wat in hemelse letters in Arabies of Hebreeus aangebring is. So mense in die Tweede Koninkryk sal afgunstig uitroep, "O! Dit is so-en-so se huis wie so-en-so kerk gedien het!"

Waarom sal die kerk se naam spesiaal geskryf word? God maak so, dat die naam die trots en glorie aan die lede kan wees, wie die kerk gedien het wie die Groot Heiligdom gebou het, om die Here tydens Sy Wederkoms in die lug, te ontvang.

Nogtans, huise in die Derde Koninkryk en Nuwe Jerusalem het geen deurplate nie. Daar is nie baie mense in beide koninkryke nie, en deur die unieke ligte en geure wat vanuit die huise kom, kan jy vasstel aan wie die huise behoort.

Voel Jammer om nie Volkome Heilig te wees nie

Sommiges mag wonder, "Sal dit nie ongerieflik in die hemel wees nie, aangesien daar nie privaat huise in die Paradys is nie, en in die Tweede Koninkryk kan mense slegs een ding besit?" In die hemel is daar egter niks tekortkominge of enige ongerief nie. Mense voel nooit ongemaklik nie, omdat hulle saam woon. Hulle is nie inhalig om hulle besittings met ander te deel nie. Hulle is net te dankbaar om in staat te wees om hulle besittings met ander te deel, en beskou dit as 'n bron van groot vreugde.

Verder, voel hulle ook nie jammer daaroor dat hulle slegs een privaat besitting het nie, en raak nooit afgunstig oor dinge wat ander besit nie. Inteendeel, hulle is altyd diep aangeraak en dankbaar teenoor God die Vader omdat hulle baie meer ontvang het as wat hulle verdien het, en is ook altyd tevrede met onveranderlike vreugde en genot.

Die enigste ding waaroor hulle jammer is, is die feit dat hulle nie hard genoeg probeer het om volkome heilig te word, terwyl hulle op die aarde gewoon het nie. Hulle voel jammer en skandelik om voor God te verskyn, omdat hulle nie al die kwaad in hulle verwerp het nie. Selfs wanneer hulle diegene sien wie na die Derde Koninkryk of Nuwe Jerusalem gegaan het, is hulle nie afgunstig op hulle spoggerige huise en lieflike toekennings nie, maar voel jammer omdat hulle nie hulleself volkome heilig gemaak het nie.

Aangesien God regverdig is, laat Hy jou oes wat jy gesaai het, en vergoed jou ooreenkomstig wat jy gedoen het. Daarom, gee Hy gee 'n plek en toekennings in die hemel, wanneer jy heilig en gelowig op die aarde word. Afhangende tot die mate waartoe jy volgens God se woord lewe, sal Hy jou ooreenkomstig en selfs aansienlik vergoed.

Indien jy volkome volgens God se woord lewe, sal Hy vir jou enigiets in die hemel gee, ongeag wat jy wil hê, dus 100 %. Nogtans, indien jy nie volkome volgens God se woord lewe nie, sal Hy jou vergoed ooreenkomstig vir wat jy gedoen het, steeds oorvloediglik.

Daarom, ongeag op watter vlak jy by die hemel ingaan, sal jy altyd teenoor God dankbaar wees, omdat Hy vir jou baie meer gee as wat jy op die aarde gedoen het, en vir ewig in blydskap en vreugde sal lewe.

Die Kroon van Glorie

God, wie oorvloediglik vergoed, gee aan diegene in die Eerste Koninkryk 'n kroon wat onverganklik is. Watter soort kroon word aan diegene in die Tweede Koninkryk gegee?

Selfs alhoewel hulle nie volkome heilig was nie, het hulle aan God die glorie gegee, deur hulle pligte uit te voer. So hulle sal die kroon van glorie ontvang. Indien jy 1 Petrus 5:1-4 lees, sal jy sien dat die kroon van glorie 'n toekenning is wat aan hulle gegee word wat 'n voorbeeld stel, om gelowig volgens God se woord te lewe.

As mede-ouderling en getuie van die lyding van Christus en ook deelgenoot aan die heerlikheid wat geopenbaar sal word, dring ek by die ouderlinge onder julle daarop aan: Pas die kudde van God wat aan julle toevertrou is, goed op. Hou toesig oor hulle, nie uit dwang nie, maar gewillig soos God dit verwag; nie om eie gewin nie, maar uit toegewydenheid; ook nie deur baas te speel oor dié wat God aan julle sorg toevertrou het nie, maar deur 'n voorbeeld vir die kudde te wees. En dan, wanneer die Opperherder kom, sal julle die heerlikheid as onverganklike kroon ontvang.

Die rede waarom dit sê, "die onverganklike kroon van die heerlikheid" is omdat elke kroon in die hemel ewigdurende is, en vergaan nooit nie. Jy sal in staat wees om te besef dat die hemel so 'n perfekte plek is, waar alles ewigdurend is, dat selfs een kroon onverganklik is.

2. Watter Soort Mense Gaan na die Tweede Koninkryk?

Rondom Seoul, die hoofstad van die Republiek van Korea, is daar satellietstede, en rondom daardie stede is daar klein dorpies. Op dieselfde wyse, in die hemel, rondom die Derde Koninkryk van die hemel, waarin Nuwe Jerusalem is, is daar die Tweede Koninkryk, die Eerste Koninkryk en die Paradys.

Die Eerste Koninkryk is die plek vir diegene wie by die tweede geloofsvlak is, en probeer om volgens God se woord te lewe. Watter soort mense gaan na die Tweede Koninkryk? Mense by die derde geloofsvlak wie volgens God se woord kan lewe, eindig in die Tweede Koninkryk op. Nou laat ons volledig beredeneer, watter soort mense gaan na die Tweede Koninkryk toe.

Die Tweede Koninkryk:
Die Plek vir Mense wie nie Volkome Heilig is nie

Jy kan na die Tweede Koninkryk gaan, indien jy volgens God se woord lewe en jou pligte nakom, al is jou hart nie ten volle heilig nie.

Indien jy aantreklik, slim en wys is, sal jy vanselfsprekend wil hê dat jou kinders jou moet navolg. Op dieselfde wyse wil God, wie heilig en volmaak is, hê dat Sy ware kinders Hom moet navolg. Hy wil kinders hê wie Hom liefhet en sy gebooie onderhou – wie die gebooie gehoorsaam, omdat hulle Hom liefhet, en nie as gevolg van pligsbesef nie. Net soos wat jy 'n moeilike taak sal verrig, vir iemand wie jy waarlik liefhet, indien jy God werklik in jou hart liefhet, kan jy enige van sy gebooie met blydskap in jou hart onderhou.

Jy sal onvoorwaardelik met vreugde en dank gehoorsaam

wees, en hou wat Hy vir jou sê om te hou, verwerp dit wat Hy vir jou sê om te verwerp, nie te doen wat Hy jou verbied om te doen nie en doen wat Hy vir jou sê om te doen. Nogtans, diegene wie by die derde geloofsvlak is, kan nie volgens God se woord met volkome vreugde en dank in hulle harte handel nie, omdat hulle nog nie die vlak van liefde bereik het nie.

In die Bybel is daar werke van die vlees (Galasiërs 5:19-21), en begeertes van die vlees (Romeine 8:5). Wanneer jy handel as gevolg van die sonde in jou hart, word dit die werke van die vlees genoem. Die natuurlike sondes wat jy in jou hart rond dra, wat nog nie uiterlik sigbaar is nie, word die begeertes van die vlees genoem.

Diegene by die derde geloofsvlak het reeds al die werke van die vlees, wat uitwendig sigbaar is verwerp, maar die begeertes van die vlees is steeds in hulle harte aanwesig. Hulle hou wat God hulle gesê het om te hou, verwerp wat God hulle gesê het om te verwerp, doen nie wat God hulle verbied het om te doen, en doen wat God hulle gesê het om te doen. Nogtans, euwels in hulle harte is nie ten volle verwyder nie.

Eweneens, indien jy jou pligte uitvoer, al is jou hart nie volkome heilig nie, kan jy na die Tweede Koninkryk gaan. "Heiligmaking" verwys na die mate waartoe jy alle soorte sondes verwerp het, en in jou hart slegs goedheid het.

Byvoorbeeld, laat ons sê, daar is 'n persoon wie jy haat. Nadat jy na die woord van God geluister het, wat sê, "Moenie haat nie," probeer jy om hom nie te haat nie. As gevolg daarvan, haat jy hom nie nou meer nie. Nogtans, indien jy hom nie waarlik in jou hart liefhet nie, is jy nog nie heilig nie.

Daarom, om van die derde na die vierde geloofsvlak te groei, is dit beslissend om 'n poging aan te wend om sondes te verwerp, tot die punt van bloedvergieting.

Mense Wat deur God se Genade hul Pligte Vervul het

Die Tweede Koninkryk is die plek vir diegene wie nie die volkome heiligmaking van hulle harte ten uitvoer gebring het nie, maar hulle pligte soos deur God aan hulle opgedra, vervul het. Laat ons die soort mense wie na die Tweede Koninkryk gaan beredeneer, aan die hand van 'n lidmaat wie oorlede is terwyl sy by Manmin Joong-ang(Sentrale) Kerk gedien het.

Sy het saam met haar man by Manmin Sentrale Kerk gekom, in dieselfde jaar as wat dit gestig is. Sy het aan 'n ernstige siekte gely, maar was genees nadat sy my voorbidding ontvang het, Daarna het haar familielede gelowiges geword. Hulle het in hulle geloof gegroei, en sy het 'n senior diakones en haar man 'n ouderling geword. Hulle kinders het opgegroei en dien die Here as 'n leraar, 'n pastoor se vrou en 'n sendeling.

Nietemin, sy was onsuksesvol om al haar sondes te verwerp en het al haar pligte behoorlik uitgevoer, maar sy het deur God se genade bely, haar plig goed voltooi, en gesterf. God het vir my laat weet dat sy in die Tweede Koninkryk van die hemel sal woon, en my toegelaat dat dat ek met haar geestelik kan kommunikeer.

Nadat sy hemel toe is, was die ding waaroor sy die jammerste was die feit dat sy nooit al haar sondes verwerp het, om volkome heilig te word nie, asook die feit sy nooit werklik uit haar hart enige belydenisse of dankbetuigings teenoor haar herder gedoen het nie. Hy wie vir haar gebid het om genees te word, en haar met liefde gelei het.

Verder, het sy ook gedink dat met inagneming van wat sy deur haar geloof ten uitvoer gebring het, hoe sy die Here gedien het, en die woorde wat sy met haar mond gespreek het, kon sy grotendeels net na die Eerste Koninkryk gaan. Nietemin, toe sy nie meer baie tyd op die aarde oor gehad het nie, het haar geloof deur middel van die liefdevolle gebede van haar herder en haar dade wat God verheerlik het, vinnig gegroei, sodat sy die Tweede Koninkryk kon ingaan.

Haar geloof het baie vinnig, voor haar dood, toegeneem. Sy het op gebed gekonsentreer en duisende kerk nuusbriewe in die buurt afgelewer. Sy het nie na haarself omgesien nie, maar slegs die Here gelowig gedien.

Sy het vir my vertel van haar hemelwoning waar sy gaan woon. Sy het vir my gesê, alhoewel dit 'n enkelverdieping gebou is, is dit so wonderlik en pragtig met blomme en bome versier, en dit is so groot en pragtig dat dit nie met enige huis op die aarde vergelyk kan word nie.

Natuurlik, in vergelyking met huise in die Derde Koninlryk of Nuwe Jerusalem is dit soos 'n strooidakhuis, maar sy was so dankbaar en tevrede, omdat sy nie verdien het om dit te hê nie. Sy wou die volgende boodskap aan haar familie oordra, sodat hulle na Nuwe Jerusalem kon gaan.

"Die hemel is so akkuraat verdeel. Die saligheid en die lig in elke plek is so verskillend, so ek dring daarop aan en moedig hulle keer op keer aan, om Nuwe Jerusalem in te gaan. Ek wil graag vir my familielede, wie nog op die aarde is vertel, hoe skandelik dit is om nie al jou sondes te verwerp, alvorens jy ons Vader God in diie hemel ontmoet nie. Die toekennings wat God aan diegene gee wie na Nuwe Jerusalem gaan, en die grootheid van die huise is alles benydenswaardig, maar ek wil hulle graag vertel, hoe jammerlik en skandelik dit is, om nie voor God alle soorte sondes te verwerp nie. Ek wil graag hierdie boodskap aan my familielede opdra, sodat hulle, al hulle soorte sondes sal verwerp en die heerlike posisisies van Nuwe Jerusalem sal ingaan."

Daarom, dring ek daarop aan dat jy besef hoe kosbaar en

waardevol is dit om jou hart te reinig en om jou daaglikse lewe oor te lewer, aan die koninkryk en die geregtigheid van God met die hoop op die hemel, sodat jy in staat sal wees, om ernstig na Nuwe Jerusalem te beweeg.

Mense Gelowig in Alles maar Ongehoorsaam, As gevolg van Hulle Eie Verkeerde Raamwerk van Geregtigheid

Nou, laat ons kyk na 'n ander geval van 'n ander lidmaat wie vir die Here lief was en haar take gelowig verrig het, maar nie na die Derde Koninkryk kon gaan nie, omdat daar seker gebreke in haar geloof was.

Sy het na Manmin Sentrale Kerk gekom, as gevolg van haar eggenoot se siekte, en 'n baie aktiewe lidmaat geword. Haar eggenoot was op 'n draagbaar na die kerk gebring, maar sy pyn was weg en hy kon opstaan en loop. Stel jou voor, hoe dankbaar en bly moes sy gewees het! Sy was altyd bly teenoor God, wie haar eggenoot se siekte genees het, asook haar versorgingspastoor wie met liefde gebid het. Sy was altyd gelowig. Sy het vir die koninkryk van God, en vir haar herder ten alle tye met dank gebid, selfs al het sy geloop, gesit of al het sy gekook.

Verder, omdat sy die broers en susters van Christus liefgehad het, het sy eerder ander gekonfronteer as om self gekonfroteer te word, en na ander gelowiges omgesien. Sy wou slegs volgens God se woord lewe en probeer om al haar sondes te verwerp, tot die punt van bloedstorting. Sy was nooit afgunstig of het wêreldse dinge begeer nie, maar slegs daarop gekonsentreer om die evangelie aan haar bure te verkondig.

Aangesien sy so gelowig was teenoor God se Koninkryk, was my hart so deur die Helige Gees geïnspireer, met die waarneming van haar lojaliteit, dat ek haar gevra het om die pligte van my kerkdiens oor te neem. Ek het geglo dat indien sy haar plig gelowig sal uitvoer, sal al haar familielede, asook haar eggenoot, geestelike geloof verkry.

Nogtans, kon sy nie daaraan gehoor gee nie, omdat sy na haar eie omstandighede gekyk het, en deur haar vleeslike gedagtes verteer is. 'n Rukkie later het sy gesterf. Ek was hartseer, en terwyl ek tot God gebid het, kon ek haar deur geestelike kommunikasie, hoor bely.

"Selfs indien ek ook herhaaldelik bely dat ek nie teenoor die herder gehoorsaam was nie, kan die horlosie nie teruggedraai word nie. Dus, bid ek al meer vir God se koninkryk en vir die herder. Een ding wat ek vir julle liewe broers en susters moet vertel, is dat dit wat die herder verkondig, God se wil is. Dit is die grootste sonde om teenoor God se wil, ongehoorsaam te wees, en saam daarmee is toorn die grootste sonde. As gevolg hiervan ondervind mense probleme, en ek was geprys dat ek nie kwaad word nie, nederig van hart, en met my hele hart daarna gestreef het, om gehoorsaam te wees. Ek het 'n persoon geword wie vir die Here die trompet geblaas het. Die dag wanneer ek sal ontvang liewe broers en susters sal gou kom. Ek hoop ernstig dat my liewe broers en susters helderdenkend is en niks ontbreek, sodat hulle ook na hierdie dag kan uitsien."

Sy het baie meer as dit bely, en sy het vir my gesê, die rede waarom sy nie na die Derde Koninkryk kan gaan nie, is haar ongehoorsaamheid.

"Daar was 'n aantal dinge waaroor ek ongehoorsaam was, totdat ek na hierdie koninkryk gekom het. Ek het somtyds gesê, 'Nee, Nee, Nee,' terwyl ek na die boodskappe geluister het. Ek het nie my plig behoorlik nagekom nie. Aangesien ek gedink het dat ek my plig sal nakom, wanneer my omstandighede verbeter, het ek my vleeslike gedagtes gebruik. Dit was so 'n groot fout in God se oë."

Sy het ook gesê dat sy leraars en hulle wie na die kerk se geldsake omgesien het, wanneer sy hulle gesien het beny het, deur te dink dat hulle toekennings in die hemel eendag baie groot sal wees. Nogtans, sy het bely dat nadat sy hemel toe gegaan het, was dit nie regtig dikwels die geval nie.

"Nee! Nee! Nee! Slegs diegene wie volgens God se woord handel, sal groot toekennings en seëninge ontvang. Indien die leiers 'n fout maak, is dit 'n baie erger sonde as wanneer 'n gewone lid 'n fout maak. Hulle moet meer bid. Die leiers moet meer gelowig wees. Hulle moet beter kan onderrig. Hulle moet die vermoë hê om beter te kan onderskei. Dit is waarom daar in een van die Vier Evangelies geskrywe staan, dat 'n blinde man deur 'n ander blinde man gelei word. Die betekenis van die woorde, 'Laat nie baie van julle leerders word nie," een sal geseën word wie sy allerbeste in sy posisie lewer. Nou, die dag wanneer ons mekaar as God se kinders in die ewige koninkryk sal ontmoet, kom vinnig nader. Daarom, almal moet al die werke van die vlees verwerp, regverdig word, en die nodige kwalifikasies as die Here se bruid hê, sonder enige skaamte wanneer hulle voor God staan."

Daarom, jy moet besef hoe belangrik dit is om gehoorsaam te wees, nie net uit pligsbesef nie, maar as gevolg van jou vreugde in jou innerlike hart en jou liefde vir God, en om jou hart te heilig. Bowendien, jy moet nie net grootliks 'n kerkganger wees nie, maar na jouself terugkyk, oor watter soort hemelse koninkryk jy sal ingaan, indien die Vader jou siel nou sal terugroep.

Jy moet probeer om gelowig in al jou pligte te wees, en volgens God se woord te lewe, sodat jy volkome heilig sal wees en al die nodige kwalifikasies bekom, om Nuwe Jerusalem in te gaan.

1 Korintiërs 15:41 sê vir jou dat die glorie wat elke persoon in die hemel gaan ontvang, sal verskil. Dit sê, "Die glans van die son is anders as dié van die maan of dié van die sterre. Ook verskil die een ster se glans van dié van die ander."

Al diegene wie gered is, sal die ewige lewe in die hemel geniet. Nogtans, sommiges sal in die Paradys woon, terwyl ander in Nuwe Jerusalem sal wees, alles ooreenkomstig hulle mate van geloof. Die verskil in glorie is so groot, dat dit onbeskryflik is.

Daarom, bid ek in die naam van die Here dat jy nie grotendeels bly by die geloofsvlak om gered te word nie, maar soos die landbouer al sy besittings sal verkoop, 'n stuk grond te koop en die skat opgrawe. Dan lewe volgens God se woord en alle soorte kwaad volkome verwerp, sodat jy Nuwe Jerusalem kan ingaan en daar in die glorie kan woon, wat soos die son skyn.

Hoofstuk 9

Die Derde Koninkryk van die Hemel

1. Engele Dien Elke Kind van God
2. Watter Soort Mense Gaan na die Derde Koninkryk toe?

*Gelukkig is die mens wat in versoeking
standvastig bly. As hy die toets deurstaan het,
sal hy as oorwinningsprys die lewe ontvang
wat die Here belowe het
aan dié wat Hom liefhet.*

- Jakobus 1:12 -

God is Gees, en Hy is die goedheid, lig en liefde self. Dit is waarom Hy wil hê dat Sy kinders alle sondes en alle soorte kwaad moet verwerp. Jesus, wie na hierdie aarde in menslike vlees gekom het, is vlekkeloos omdat Hy Homself God is. So wat se soort persoon moet jy word, om 'n bruid te word wie die Here sal ontvang?

Om God se ware kind en 'n bruid van die Here te word, wie ewigdurend ware liefde met God wil deel, moet jy aan God se heilige hart gelyk word, en jouself heilig deur alle soorte kwaad te verwerp.

Die Derde Koninkryk van die hemel, wat die plek is vir hierdie soort kinders van God wie heilig is en aan God se hart gelyk is, is so baie verskillend van die Tweede Koninkryk. Aangesien God kwaad haat en goedheid so liefhet, behandel Hy Sy kinders wie heilig is, op 'n baie spesiale wyse. Dus, wat se soort plek is die Derde Koninkryk en hoe lief moet jy vir God wees, om daarheen te gaan?

1. Engele Dien Elke Kind van God

Huise in die Derde Koninkryk is, sonder vergelyking, baie mooier en glinsterend as die enkelverdieping huise in die Tweede Koninkryk. Dit is versier met so baie soorte juwele en het al die fasaliteite wat die eienaars graag sal wil hê.

Verder, vanaf die Derde Koninkryk sal die engele wie elkeen dien, voorsien word, en hulle sal hulle meesters liefhê en aanbid en vir hom of haar slegs met die beste dinge bedien.

Engele Dien Privaat

Dit sê in Hebreërs 1:14, "Is hulle dan nie almal geeste in diens van God, wat Hy uitstuur om dié te dien wat die saligheid gaan beërf nie?" Engele is suiwer geestelike wesens. Hulle neem die vorm van menslike wesens aan as een van God se skeppings, maar hulle het geen vlees of bene nie, en het niks te doen met trou en dood nie. Hulle het nie hul eie persoonlikhede soos menslike wesens nie, maar hulle kennis en krag is baie groter as die van menslike wesens (2 Petrus 2:11).

Soos wat Hebreërs 12:22 praat van duisende en duisende engele, is daar ontelbare engele in die hemel. God het die rangordes onder die engele vasgestel, vir hulle verskillende opdragte gegee, asook mag ooreenkomstig die opdragte.

So daar is onderskeidings getref tussen die engele, soos engel, hemelse gasheer en aardsengel. Soos byvoorbeeld, Gabriël, wie dien as 'n siviele beampte, kom na jou toe met antwoorde op jou gebede, of God se planne en openbaringe (Daniël 9:21-23; Lukas 1:19, 1:26-27). Aardsengel Michael, wie soos 'n militêre offisier is, is die minister van die hemelse weermag. Hy beheer die gevegte tussen die bose geeste, en somtyds breek hyself die gevegslyne van die duisternis (Daniël 10:13-14, 10:21; Judas 1:9; Die Openbaring 12:7-8).

Tussen hierdie engele, is daar engele wie hulle meesters privaat dien. In die Paradys, die Eerste en Tweede Koninkryke is daar engele wie God se kinders somtyds help, maar daar is nie enige engel wie sy meester privaat dien nie. Daar is slegs die engele wie na die gras, blomme, paaie en publieke fasaliteite omsien, om te verseker dat daar nie enige ongerief is nie, en daar is engele wie God se boodskappe aflewer.

Maar, aan diegene wie in die Derde Koninkryk en Nuwe Jerusalem is, word engele toegeken, omdat hulle vir God so lief was en Hom so baie verheerlik het. Verder, die aantal engele wat toegeken word, verskil ooreenkomstig die mate wat elkeen aan God gelyk geword het, en Hom met gehoorsaamheid verheerlik het.

Indien iemand 'n baie groot huis in Nuwe Jerusalem het, sal ontelbare engele aan hom teogeken word, omdat dit beteken dat die eienaar aan die hart van God gelyk geword het, en baie mense na saligheid gelei het. Daar sal engele wees wie na die huis omsien, ander engele wie na die fasaliteite en ander dinge wat as toekennings ontvang is omsien, en ander engele wie die meester privaat bedien. Daar sal net so baie engele wees.

Indien jy na die Derde Koninkryk gaan, sal jy nie alleenlik engele hê wie jou privaat bedien nie, maar ook die engele wie na jou huis omsien, en hulle wie as deurwagter optree en besoekers help. Jy sal so dankbaar teenoor God wees, indien jy die Derde Koninkryk kan ingaan, omdat God jou vir ewig laat regeer, terwyl jy deur engele bedien word wie deur Hom aan jou as 'n ewige toekenning gegee is.

Pragtige Veelvoudige-verdieping Persoonlike Huis

By die huise in die Derde Koninkryk wat met pragtige blomme en bome versier is, met wonderlike geure, is daar tuine en mere. In die mere is daar baie visse, mense kan met hulle gesprekke voer en liefde met hulle deel. Verder speel die engele pragtige musiek, of die mense kan God die Vader saam met hulle verheerlik.

Anders as in die Tweede Koninkryk, waar inwoners toegelaat word om slegs een gunsteling voorwerp of fasaliteit te besit, kan mense in die Derde Koninkryk enigiets besit, soos 'n gholfbaan, 'n swembad, 'n meer, 'n wandelpad, 'n dansbaan ensovoorts. Daarom, hulle het nie nodig om na die bure se huise te gaan, om iets daar te geniet wat hulle nie het nie, en hulle kan hulleself enige tyd geniet.

Huise in die Derde Koninkryk is veelvoudige-verdieping geboue en is pragtig, vernaam en baie groot. Hulle is so pragtig en mooi versier, dat geen miljarder in die wêreld dit kan naboots nie.

Terloops, geen huis in die Derde Koninkryk het 'n deurplaat nie. Mense weet net wie se huis dit is, selfs sonder 'n deurplaat, omdat die unieke geur wat die skoon en pragtige hart van die meester uitstraal, vloei vanaf die huis.

Huise in die Derde Koninkryk het verskillende geure en die ligte se helderheid verskil ook. Hoe meer gelyk die meester aan God se hart word, hoe skerper en helderder is die geur en die ligte.

Verder, in die Derde Koninkryk, word troeteldiere en voëls voorsien, en hulle is baie mooier, glinsterender en liefliker as die van die Eerste en Tweede Koninkryk. Verder, die wolkmotors word voorsien vir publieke gebruik, dus kan mense reg rondom die onbeperkte hemel beweeg, soveel as wat hulle wil.

Soos verduidelik, in die Derde Koninkryk kan mense enigiets doen wat hulle wil. Die lewe in die Derde Koninkryk sal jou verbeelding oortref.

Die Kroon van die Lewe

In Die Openbaring 2:10, is daar 'n belofte van "die kroon van die lewe" wat gegee sal word aan diegene wie aan God se koninkryk tot die dood toe, getrou sal wees.

Moenie bang wees vir wat julle alles gaan ly nie. Kyk, die duiwel gaan party van julle in die tronk laat gooi, sodat julle in beproewing sal kom, en julle sal tien dae lank baie swaar kry. Bly getrou tot die dood toe, en Ek sal julle die lewe as kroon gee.

Die sinsnede, "om getrou tot die dood toe," hier verwys nie alleenlik om getrou in die geloof te wees of om 'n martelaar te word nie, maar ook om nie met die wêreld 'n kompromie aan te gaan nie, maar eerder volkome heilig te word, deur alle sondes tot die punt van bloedstorting te verwerp. God vereer al diegene wie die Derde Koninkryk ingaan met die krone van die lewe, omdat hulle getrou was, selfs tot die dood toe en het alle soorte beproewinge en ontberinge oorkom (Jakobus 1:12).

Wanneer die mense in die Derde Koninkryk, Nuwe Jerusalem

besoek, word 'n ronde merk op die kant van hulle kroon van die lewe aangebring. Wanneer mense in die Paradys, die Eerste of die Tweede Koninkryk, Nuwe Jerusalem besoek, word 'n 'n teken op die linker bors aangebring. Op hierdie wyse kan jy sien dat die glorie, van die mense in die Derde Koninkryk verskillend is.

Nietemin, die mense van Nuwe Jerusalem is onder die spesiale sorg van God, dus benodig hulle nie 'n teken om hulleself te onderskei nie. Hulle word op 'n baie uitsonderlike manier, as God se ware kinders behandel.

Huise van Nuwe Jerusalem

Huise in die Derde Koninkryk verskil heelwat van huise in Nuwe Jerusalem, ten opsigte van grootte, skoonheid en glorie.

Eerstens, indien jy die grootte van die kleinste huis in Nuwe Jerusalem aan 100 gelyk stel, dan is die huis in die Derde Koninkryk slegs 60. Byvoorbeeld, indien die klenste huis in Nuwe Jerusalem 100,000 vierkante voet is, dan is 'n huis in die Derde Koninkryk 60,000 vierkante voet.

Nogtans, die grootte van individuele huise verskil, omdat dit grotendeels afhang van hoeveel die meester gedoen het, om soveel siele as moontlik te red, en om God se kerk te bou. Soos wat Jesus in Matteus 5:5 sê, "Geseënd is die sagmoediges, want hulle sal die nuwe aarde ontvang," hang af van die aantal siele wat die eienaar van die huis met 'n sagmoedige hart na die hemel lei. Die grootte van die huis waarin hy of sy sal woon, sal ooreenkomstig bepaal word.

So daar is baie huise van meer as tienduisende vierkante voet in die Derde Koninkryk en in Nuwe Jerusalem, maar selfs die grootste huis in die Derde Koninkryk is baie kleiner as die in Nuwe Jerusalem. Ter byvoeging tot die grootte, die ontwerp, die prag en die juwele van versiering, verskil ook geweldig baie van mekaar.

In Nuwe Jerusalem, is daar nie net die twaalf juwele van die oprigting nie, maar ook baie ander pragtige juwele. Daar is juwele wat ondenkbaar groot is, met sulke mooi kleur. Daar is net so baie soorte juwele dat jy hulle nie almal kan opnoem nie, en sommiges van hulle skitter dubbel of selfs drievoudig, as gevolg van die oorvleulende ligte.

Natuurlik is daar baie juwele in die Derde Koninkryk. Nogtans, ten spyte van die verskeidenheid, juwele van die Derde Koninkryk kan dit nie met dit in Nuwe Jerusalem vergelyk word nie. Daar is geen juweel wat dubbel of drievoudig in die Derde Koninkryk skitter nie. Die juwele in die Derde Koninkryk het baie meer pragtige ligte, in vergelyking met dit in die Eerste en Tweede Koninkryk, maar daar is slegs eenvoudige en basiese juwele, en selfs dieselfde soort juweel is minder mooi as dit in Nuwe Jerusalem.

Dit is waarom mense in die Derde Koninkryk, wie buite Nuwe Jerusalem woon, wie vol van God se glorie is, daarna kyk en wens om daar vir altyd te wees.

"Slegs as ek 'n bietjie harder probeer het en
meer in God se huis geglo het..."
"Slegs indien die Vader my naam een keer uitgeroep het..."
"Indien ek een keer weer uitgenooi was..."

Daar is 'n ondenkbare hoeveelheid vreugde en skoonheid in die Derde Koninkryk, maar dit kan nie met dit van Nuwe Jerusalem vergelyk word nie.

2. Watter Soort Mense Gaan na die Derde Koninkryk?

Wanneer jy jou hart oopmaak en Jesus Christus as jou persoonlike Saligmaker aanneem, kom die Heilige Gees en leer jou omtrent sonde, geregtigheid en die oordeel, en laat jou die waarheid besef. Wanneer jy die woord van God gehoorsaam, alle soorte kwaad verwerp en heilig word, is jy by die punt waar dit met jou siel goed gaan–by die vierde geloofsvlak.

Mense wie die vierde geloofsvlak bereik, is baie lief vir God en God vir hulle, en gaan die Derde Koninkryk in. Dus, watter spesifieke soort van persoon het die geloof om die Derde Koninkryk in te gaan?

Voorlopig Geheilig deur Verwerping van Alle Soorte Kwaad

Gedurende die Ou Testamentiese tye het mense nie die Heilige Gees ontvang nie. Dus, kon hulle nie die sondes wat diep in hulle harte was, deur hulle eie krag verwerp nie. Dit is waarom hulle die fisiese besnydenis uitgevoer het, en tensy die kwaad deur aksie plaasvind, het hulle dit nie as sonde gereken nie. Selfs al het iemand dit in gedagte gehad om moord te pleeg, was dit nie as 'n sonde gereken nie, solank as wat die gedagte nie tot 'n handeling oorgegaan het nie. Slegs wanneer die gedagte uitgevoer was, was dit as 'n sonde gereken.

Nietemin, gedurende die Nuwe Testamentiese tye, indien jy die Here Jesus Christus aangeneem het, kom die Heilige Gees in jou hart. Tensy jou hart geheilig is, kan jy nie in die Derde Koninkryk ingaan nie. Dit is omdat jy jou hart met behulp van die Heilige Gees kan heilig.

Daarom, jy kan slegs die Derde Koninkryk ingaan, wanneer jy alle soorte kwaad soos haat, owerspel, gulsigheid ensovoorts verwerp en heilig word. Dus, watter soort persoon se hart is heilig? Hy is die een wie die soort geestelike liefde het, soos in 1 Korintiërs 13 beskrywe, die nege soorte vrugte van die Heilige Gees in Galasiërs 5, en die Saligsprekinge in Matteus 5, en wie aan die Here se heiligheid gelyk word.

Natuurlik, dit beteken nie dat hy op dieselfde vlak as die Here is nie. Ongeag hoeveel 'n menslike wese sy sondes verwerp en heilig word, sy vlak verskil geweldig baie van God, wie die oorsprong van lig is.

Daarom, om jou hart te reinig, moet jy eerstens jou hart 'n goeie teelaarde maak. Met ander woorde, jy moet jou hart 'n goeie teelaarde maak deur nie te doen wat die Bybel jou vertel om nie te doen nie, en te verwerp wat die Bybel jou vertel om te verwerp. Slegs dan, sal jy in staat wees om goeie vrugte te dra, nadat die saad gesaai is. Net soos wat 'n landbouer die saad saai nadat hy die grond skoongemaak het, sal die gesaaides in jou groei, bloei en die vrugte dra, nadat God vir jou vertel het wat om te doen, en te bewaar wat Hy jou vertel het om te bewaar.

Daarom, heiligmaking verwys na 'n toestand wanneer iemand gereinig word van die oorspronklike en selfuitgevoerde sondes, deur die werking van die Heilige Gees, nadat hy wedergebore is deur die water en die Heilige Gees, deur in die verlossingskrag van Jesus Christus te glo. Deur van jou sondes vergewe te word, deur in die bloed van Jesus Christus te glo, is verskillend van om die natuur van sonde met die hulp van die Heilige Gees te verwerp, deur vurige gebed en periodieke vasting.

Deur Jesus Christus aan te neem en 'n kind van God te word, beteken nie dat al die sondes in jou hart volkome verwyder is nie. Jy het steeds kwaad soos haat, trots, en lief wees vir jouself in jou, en dit is waarom die proses om die kwaad vas te stel, om na God se woord te luister, en daarteen te veg tot die punt van bloedstorting, so lewensbelangrik is (Hebreërs 12:4).

Dit is hoe jy die werke van die vlees verwerp en vordering maak na heiligmaking. Die toestand waarin jy nie alleenlik die dade van die vlees, maar ook die begeertes van die vlees in jou hart verwerp, is die vierde geloofsvlak, die toestand van heiligmaking.

Waarom Het God 'n Ernstige Beproewing vir Job Toegelaat?

Deur middel van Jakobus 1:12, kan jy sien dat God somtyds beproewinge toelaat, en jou na die uitvoering van heiligmaking lei.

Gelukkig is die mens wat in versoeking standvastig bly. As hy die toets deurstaan het, sal hy as oorwinningsprys die lewe ontvang wat die Here belowe het aan dié wat Hom liefhet.

Job in die Ou Testament was regverdig genoeg, om deur God erken te word as 'n man wie onberispelik en opreg was, wie God gevrees het en die kwaad vermy het (Job 1:1).

Een dag het hy 'n beproewing teëgekom. Hy het al sy kinders en sy rykdom verloor. Job het geensins gekla nie, maar eerder alle dank en eer aan God opgedra.

Toe die beproewing egter voortgeduur het, het hy nietemin by God begin kla en gesê, "Ek was regverdig en het God eerbiedig. Waarom gee God my dan hierdie pyn?"

Dus, waarom het God hierdie beproewing van Job toegelaat, hy wie beskou was as 'n regverdige man? Net soos wat 'n ambagsman wil hê dat sy kosbare juweel perfek en suiwer gemaak moet word, wou God vir Job in 'n mooier toonbeeld, deur hierdie beproewing vorm.

Selfs die onberispelike en opregte Job het van nature sondes gehad, waarvan hy nie geweet het nie. Dus het God die beproewing toegelaat om plaas te vind, om hom sodoende volkome te heilig. Na dit, het God vir Job dubbel so veel as voorheen geseën, nadat hy goegekeur was.

Geheilig Slegs Nadat Sondes van die Natuur Verwerp is

Wat, dan, is iemand se natuurlike sonde? Dit is al die oorerflike sondes vanaf iemand se ouers, sedert Adam se ongehoorsaamheid. Byvoorbeeld, jy kan vind dat 'n baba, wie jonger as een jaar is, 'n sondige verstand het. Alhoewel sy moeder hom nooit enige kwaad, soos haat of jaloesie geleer het nie, sal hy kwaad word en swak optree, indien sy moeder haar bors vir die bure se baba gee. Dan mag hy dalk probeer om die bure se baba weg te stoot, en begin om te huil, gevul met woede, indien die baba nie van sy moeder weg beweeg nie.

Eweneens, die rede waarom selfs 'n baba tekens van sondige optredes toon, alhoewel hy geensins voorheen daarvan geleer het nie, is omdat hy van nature sondig is. Ook, self-uitgevoerde sondes is die sondes soos deur fisiese handelinge geopenbaar, as gevolg van die hart se sondige begeertes.

Natuurlik, indien jy geheilig is van die oorspronklike sonde, is dit vanselfsprekend dat jou self-uitgevoerde sondes sal verwerp wees, omdat die oorsprong van die sondes verwyder is. Daarom, geestelike wedergeboorte is die begin van heiligmaking, en heiligmaking is die volmaaktheid van wedergeboorte. Daarom, indien jy weergebore is, hoop ek dat jy 'n suksesvolle Christelike lewe sal lei, om sodoende heiligmaking ten uitvoer te bring.

Indien jy regtig heilig wil wees en die verlore beeld van God herwin, en jou allerbeste probeer, sal jy in staat wees om alle natuurlike sondes, deur die genade en krag van God en die hulp van die Heilige Gees, te verwerp. Ek hoop jy sal 'n heilige hart soos God bekom. Hy moedig jou aan, "Wees heilig, want ek is heilig" (1 Petrus 1:16).

Heilig maar Nie Volkome Getrou aan God nie

God het my toegelaat om geestelike kommunikasie met 'n persoon te hê, wie reeds oorlede was. Hy was gekwalifiseerd om die Derde koninkryk in te gaan. Die hek van haar huis was met 'n boog pêrels versier, en dit omdat sy so baie gebid en in trane gerou het met volharding, toe sy op die aarde was. Sy was so 'n getroue gelowige wie vir God se koninkryk en geregtigheid gebid het, asook vir haar kerk en sy predikers en lidmate met volharding in trane gebid het.

Voordat sy die Here ontmoet het, was sy so arm en ongelukkig dat nie eers 'n stukkie goud besit het nie. Nadat sy die Here aangeneem het, kon sy na die heiligmaking aanbeweeg, omdat sy die waarheid kon gehoorsaam, nadat sy dit besef het, deur na God se woord te luister.

Verder, kon sy haar pligte goed uitvoer, omdat sy baie lesings by 'n leraar, wie vir God baie lief is ontvang het, en hom goed gedien het. Daarom, kon sy in 'n helderder en heerliker plek binne die Derde Koninkryk opeindig.

Bowendien, 'n baie helder juweel van Nuwe Jerusalem sal op die hek van haar huis aangebring word. Dit is die juweel wat die leraar, wie sy op die aarde gedien het, aan haar gegee het. Hy sal een van die juwele in sy sitkamer neem en dit op haar huis se hek aanbring, wanneer hy daar besoek aflê. Hierdie juweel is 'n teken dat sy deur die leraar, wie sy op die aarde gedien het, gemis sal word, omdat sy nie Nuwe Jerusalem kon ingaan nie, alhoewel sy baie behulpsaam teenoor hom op die aarde was. So baie mense in die Derde Koninkryk sal afgunstig op die juweel wees.

Nietemin, sy voel steeds jammer dat sy nie Nuwe Jerusalem kan ingaan nie. Indien sy gelowiger was om Nuwe Jerusalem te kan ingaan, sou sy saam met die Here, die leraar wie sy op die aarde gedien het en ander geliefde lidmate van haar kerk in die toekoms gewees het. Indien sy 'n bietjie getrouer op die aarde was, kon sy Nuwe Jerusalem ingaan, maar omdat sy ongehoorsaam was, het sy die geleentheid nie benut, toe dit daar was nie.

Nogtans, is sy so dankbaar en diep aangeraak, vir die glorie wat aan haar in die Derde Koninkryk gegee is, en bely soos volg. Sy is slegs so dankbaar, omdat sy die kosbaarste dinge as toekennings ontvang het, niks wat sy op eie verdienste kon vermag het nie.

"Selfs al kon ek nie na Nuwe Jerusalem gaan nie, waar dit vol van die Vader se glorie is, omdat ek nie in alles volmaak was nie, het ek my huis in hierdie pragtige Derde Koninkryk gekry. My huis is so groot en so pragtig. Alhoewel dit nie regtig so groot is in vergelyking met die huise in Nuwe Jerusalem nie, is daar aan my so baie fantastiese en wonderlike dinge gegee, wat die wêreld hulle nie kan voorstel nie.

Ek het niks gedoen nie. Ek het ook niks gegee nie. Ek het regtig niks steun gegee nie. Ek het ook niks vreugdevol vir die Here gedoen nie. Steeds, die glorie wat ek hier het, is so groot dat ek slegs jammer en dankbaar kan wees. Ek gee my dank aan God, dat Hy my toelaat om ook in 'n heerliker plek binne die Derde Koninkryk kan woon."

Mense met die Geloof van Martelaarskap

Net soos die een wie God so lief gehad het en heilig in sy hart geword het, die Derde Koninkryk kan ingaan, kan jy minstens die Derde Koninkryk ingaan, indien jy die geloof van martelaarskap het, waarmee jy alles kan opoffer vir God, selfs jou lewe.

Die lede van die vroeë Christelike kerke, wie hulle geloof behou het totdat hulle onthoof is, of deur leeus verslind is in die Kolliseum in Rome, of verbrand, sal die toekenning van 'n martelaar in die hemel ontvang. Dit is nie maklik om 'n martelaar onder sulke ernstige vervolgings en bedreigings te word nie.

Tussen jou, is daar baie mense wie nie God se dag heilig nie of hulle God-gegewe plig versuim, as gevolg van hulle geldelike begeertes. Hierdie soort mense, wie nie selfs 'n klein ding kan gehoorsaam nie, kan nie hulle geloof in 'n lewens-bedreigde situasie behou nie, nog minder 'n martelaar word nie.

Watter soort mense het die geloof van martelaars? Dit is diegene wie opregte en onveranderlike harte, soos Daniël in die Ou Testament het. Hulle wie dubbel standaarde het en hulle eie voordeel nastreef, 'n kompromie met die wêreld aangaan, het egter 'n baie klein kans om martelaars te word.

Hulle wie werklik martelaars kan word, moet onveranderlike harte soos Daniël hê. Hy het die regskapenheid van die geloof behou, welwetende dat hy in die leeukuil sal ingaan. Hy het sy geloof behou tot die laaste oomblik, toe hy in die leeukuil deur sondige mense se skelmstreke gegooi was. Daniël het nooit van die waarheid weg beweeg nie, omdat sy hart skoon en suiwer was.

Dit is dieselfde met Stefanus van die Nuwe Testament. Hy was gestenig tot die dood toe, terwyl hy die evangelie van die Here verkondig het. Stefanus was ook 'n heilige persoon, wie kon bid vir hulle wie hom gestenig het, ten spyte van sy onskuld. Dus, hoe lief moes God nie vir hom gewees het nie? Hy sal vir ewig saam met die Here in die hemel wees, en sy skoonheid en glorie sal geweldig wees. Daarom, jy moet besef dat die belangrikste dinge is om geregtigheid, en die hart se heiligmaking ten uitvoer te bring.

Daar is vandag min mense wie ware geloof het. Selfs Jesus vra, "Maar sal die Seun van die mens by sy koms nog geloof op die aarde vind?"(Lukas 18:8) Hoe kosbaar sal jy nie in die oë van God wees, indien jy 'n heilige kind word nie, deur geloof te behou en alle soorte sondes te verwerp, selfs in hierdie wêreld wat vol sondes is?

Daarom, bid ek in die naam van die Here dat jy vuriglik sal bid, en jou hart vinnig heilig maak en uitsien na die glorie en toekennings, wat God die Vader in die hemel vir jou sal gee.

Hoofstuk 10

Nuwe Jerusalem

1. Mense in Nuwe Jerusalem Sien God van Aangesig tot Aangesig
2. Watter Soort Mense Gaan na Nuwe Jerusalem?

En ek het die heilige stad, die Nuwe Jerusalem, van God af uit die hemel uit sien afkom. Die stad was gereed soos 'n bruid wat vir haar man versier is.

- Die Openbaring 21:2 -

In Nuwe Jerusalem, wat die mooiste plek in die hemel is en vol van God se glorie is, is daar God se Troon, die kastele van die Here en die Heilige Gees, asook huise van diegene wie God so baie, met die hoogste geloofsvlak verheerlik het.

Huise in Nuwe Jerusalem is pragtig voorberei, op die wyse wat die toekomstige eienaars van die huise dit graag sou wou hê. Om Nuwe Jerusalem, skoon en mooi soos kristal, te kan ingaan en ware liefde met God vir ewig te kan deel, moet jy nie alleenlik met God se heilige hart ooreenkom nie, maar ook jou plig volkome doen, soos wat die Here Jesus gedoen het.

Nou, wat se soort plek is Nuwe Jerusalem, en watter soort mense gaan daarheen?

1. Mense van Nuwe Jerusalem Sien God van Aangesig tot Aangesig

Nuwe Jerusalem, ook genoem die Heilige Stad, is so mooi soos 'n bruid wie haarself vir haar man gereed gemaak het. Mense het daar die voorreg om God van aangesig tot aangesig te ontmoet, omdat Sy Troon daar is.

Dit word ook "die stad van glorie" genoem, omdat jy die glorie van God vir ewig ontvang, wanneer jy Nuwe Jerusalem ingaan. Die muur is van jaspis gemaak, en die stad van suiwer goud, so suiwer soos glas. Daar is drie hekke aan elk van die vier kante - noord, suid, oos, en wes – en daar is 'n engel om elke hek te bewaak. Die twaalf fondamente van die stad, is van twaalf verskillende soorte juwele gemaak.

Twaalf Pêrelhekke van Nuwe Jerusalem

Dus, waarom is die twaalf hekke van Nuwe Jerusalem van

pêrels gemaak? 'n Skulp bestaan vir 'n lang tyd, en gebruik al sy vog om een pêrel te vorm. Op dieselfde wyse, moet jy sondes verwerp, en daarteen veg tot die punt van bloedstorting, asook tot dood toe aan God getrou bly, deur jou uithouvermoë en selfbeheersing. God het die hekke van pêrels gemaak, omdat jy jou omstanstandighede met vreugde moet oorkom, sodat jy jou God-gegewe pligte kan uitvoer, selfs al word die smalweg deur jou bewandel.

So wanneer 'n persoon Nuwe Jerusalem ingaan en verby die pêrelhekke beweeg, stort hy trane van vreugde en opgewondenheid. Hy gee alle onbeskryflike dank en glorie aan God, wie hom na Nuwe Jerusalem gelei het.

Ook, wat is die rede dat God die twaalf fondamente van twaalf verskillende juwele gemaak het? Dit is omdat die kombinasie van die twaalf juwele die betekenis van die Here en die Vader se harte weergee.

Daarom, jy moet die geestelike betekenisse van elke juweel besef, en die geestelike betekenisse in jou hart ten uitvoer bring, om Nuwe Jerusalem te kan ingaan. Ek sal daardie betekenisse meer volledig in Hemel II: Gevul met God se Glorie, verduidelik.

Huise in Nuwe Jerusalem in Perfekte Eensgesindheid en Verskeidenheid

Huise in Nuwe Jerusalem is soos kastele ten opsigte van grootte en heerlikheid. Elkeen is uniek ooreenkomstig tot die eienaar se voorkeure, en is in perfekte eengesindheid en verskeidenheid. Ook, die verskillende kleure ligte wat uit die juwele voortkom, maak dat jy die skoonheid en glorie, wat onbeskryflik is, kan aanvoel.

Mense kan herken aan wie elke huis behoort, deur net daarna

te kyk. Hulle kan verstaan hoeveel die eienaar vir God verheerlik het, terwyl hy of sy op die aarde was deur na die lig van glorie te kyk, asook die juwele wat die huis versier.

Byvoorbeeld, die huis van 'n persoon wie 'n martelaar op die aarde geword het, sal versierings en besonderhede hê, van die eienaar se hart en prestasies tot die martelaarskap begin het. Die besonderhede is op 'n goue plaat gegraveer, en skyn so helder. Dit sal lees, "Die eienaar van hierdie huis het 'n martelaar geword en die wil van die Vader vervul op die __de dag van die __de maand in die jaar____."

Selfs vanaf die hek sal mense die helder lig sien, wat vanaf die goue plaat afkomstig is, waarop die eienaar se prestasies aangeteken is, en almal van hulle wie dit sien, sal buig. Martelaarskap is so 'n groot glorie en toekenning, en God se trots en vreugde.

Aangesien daar in die hemel geen kwaad is nie, buig mense outomaties hulle hoofde ooreenkomstig die rang en diepte, omdat hy deur God bemin word. Ook, net soos wat mense 'n beskilderde bord van dank of verdienstelike diens ontvang, om groot prestasies te vier, gee God ook 'n toekenning aan elkeen wie vir Hom glorie gebring het, ter viering daarvan. Jy kan sien dat die geure en die ligte, ooreenkomstig die toekennings verskil.

Verder, God voorsien in die mense se huise iets wat hulle aan hulle lewe op die aarde laat herinner. Natuurlik, selfs in die hemel kan jy na gebeurtenisse van die verlede, wat op die aarde plaasgevind het, op iets soortgelyks as 'n televiesiestel kyk.

Die Kroon van Goud of Geregtigheid

Indien jy Nuwe Jerusalem ingaan, sal jy basies jou persoonlike huis en goue kroon ontvang, en die kroon van geregtigheid sal toegeken word, ooreenkomstig jou dade. Dit is die gesogste en pragtigste kroon in die hemel.

God, Homself gee die krone van goud as toekennings aan diegene wie Nuwe Jerusalem ingaan, en rondom die Troon van God is daar vier en twintig ouderlinge met die goue krone.

Reg rondom die troon was daar vier en twintig ander trone, en op die trone het daar vier en twintig ouderlinge gesit. Hulle het wit klere aangehad, en op hulle koppe was daar goue krone (Die Openbaring 4:4).

"Ouderlinge" verwys nie hier na die titel van die aardse kerke nie, maar hulle wie in God se oë reg is, en deur God erken word. Hulle is geheilig en het die heiligdom in hulle harte ten uitvoer gebring, asook die sigbare heiligdom. "Volbringing van die heiligdom in die hart" verwys na die betaamlikheid van 'n persoon van gees, deur die verwerping van alle soorte kwaad. Volbringing van die sigbare heiligdom, beteken die volkome uitvoering van pligte op die aarde.

Die getal "vier en twintig" staan vir alle mense wie deur die hek van saligheid gegaan het, met geloof soos die twaalf afstammelinge van Israel en heilig geword het, soos die twaalf dissipels van Jesus die Here. Daarom, "vier en twintig ouderlinge" verwys na God se kinders, wie deur God erken word, en aan God se huis getrou is.

Daarom, hulle wie geloof het soos goud wat nooit verander nie, sal die krone van goud ontvang, en hulle wie uitsien na die Here se wederkoms, soos die apostel Paulus, sal die kroon van geregtigheid ontvang.

Ek het die goeie wedloop afgelê; ek het die wenstreep bereik; ek het gelowig end-uit volgehou. Nou wag die oorwinnaarskroon vir my, die lewe by God. Op die dag dat Hy weer kom, sal die

Here, die regverdige Regter, dit vir my gee, en nie net vir my nie, maar ook vir almal wat met verlange uitsien na Sy koms (2 Timoteus 4:7-8).

Diegene wie uitsien na die Here se wederkoms, sal vanselfsprekend binne die lig en die waarheid lewe, en sal goedvoorbereide wesens en die Here se bruide wees. Daarom, sal hulle die krone ooreenkomstig ontvang.

Die apostel Paulus was nie oorweldig deur enige vervolgings of ontberinge nie, maar het slegs probeer om God se koninkryk te vergroot en om Sy geregtigheid ten uitvoer te bring, deur middel van sy optredes. Hy het God se glorie openbaar waarheen hy ookal gegaan het, deur sy arbeid en uithouvermoë. Dit is waarom God die kroon van geregtigheid vir die apostel Paulus voorberei het. Hy sal dit aan almal gee wie na die Here se wederkoms uitsien, soos hy.

Elke Begeerte in Hulle Harte sal Vervul Word

Wat jy op die aarde in gedagte gehad het, en waarvan jy gehou het om te doen, maar terwille van die Here opgegee het - God sal al hierdie dinge aan jou in Nuwe Jerusalem, as pragtige toekennings teruggee.

Daarom, huise in Nuwe Jerusalem het enigiets wat jy wou gehad het, sodat jy enigiets kan doen wat jy wou gedoen het. Sommige huise het mere sodat die eienaars daarop kan vaar in 'n boot, terwyl ander woude het, waarin hulle 'n wandeling kan neem. Mense mag dit ook geniet om met hulle geliefdes rondom 'n teetafel, in die hoek van 'n pragtige tuin, te sit en gesels. Daar is huise met weilande, bedek met grasperke en blomme, sodat mense daar kan stap en lofliedere sing, tesame met verskeie voëls en pragtige diere.

Op hierdie wyse het God alles in die hemel gemaak, wat jy op die aarde wou gehad het, sonder om een enkele item na te laat. Hoe diep sal jy nie aangeraak wees, wanneer jy al hierdie dinge sien, wat God vir jou met groot sorg voorsien het nie?

Eintlik, om in staat te wees om Nuwe Jerusalem te kan ingaan, it self 'n bron van vreugde. Jy sal in onveranderlike vreugde, glorie en skoonheid vir ewig woon. Jy sal vol blydskap en opgewondenheid wees, wanneer jy na die grond, lug of enige plek kyk.

Mense voel rustig, gemaklik en veilig net deur in Nuwe Jerusalem te woon, omdat God dit vir Sy kinders, wie Hy waarlik liefhet, gemaak het en elke hoek daarvan is met Sy liefde gevul.

So wat jy ookal doen – of jy loop, rus, speel, eet of met ander mense praat – jy sal met vreugde en blydskap gevul wees. Bome, blomme, gras en selfs diere is alles lieflik, en jy voel die glorie met heerlikheid aan, vanaf die kasteel se mure, die versierings en die huis se fasaliteite.

In Nuwe Jerusalem, is liefde vir God die Vader soos 'n fontein, en jy sal ewigdurend met blydskap, dankbaarheid en vreugde gevul wees.

Sien God van Aangesig tot Aangesig

In Nuwe Jerusalem, waar die hoogtste vlak is van glorie, skoonheid en blydskap, kan jy vir God van aangesig tot aangesig ontmoet, en saam met die Here wandel en saam met jou geliefdes vir ewig en altyd woon.

Jy sal nie alleenlik deur die engele en hemelse gashere nie, maar ook deur alle mense in die hemel bewonder word. Verder, jou persoonlike engele sal jou soos 'n koning dien, sal perfek voldoen aan al jou verwagtinge en vereistes. Indien jy graag in die lug wil vlieg, sal jou persoonlike wolkmotor reg voor jou voete kom stop. So spoedig as wat jy in die wolkmotor kom, kan jy soveel as wat jy wil in die lug vlieg, of jy kan dit op die grond bestuur.

Dus, indien jy Nuwe Jerusalem ingaan, kan jy God van aangesig tot aangesig sien, en vir ewig met jou geliefdes saamwoon, en al jou begeertes sal oombliklik bewaarheid word. Jy kan enigiets kry wat jy wil hê, en ook soos in 'n feëverhaal, soos 'n prins of prinses behandel word.

Deelname aan Nuwe Jerusalem se Feesmaaltye

In Nuwe Jerusalem, is daar altyd feesmaaltye. Somtyds is die Vader, die Here of die Heilige Gees die gasheer van die feesmaaltye. Jy kan die vreugde van die hemelse lewe, gedurende hierdie feesmaaltye baie goed voel. Jy kan die oorvloedigheid, vryheid, skoonheid en vreugde met 'n oogopslag gedurende hierdie feesmaaltye aanvoel.

Wanneer jy aan die Vader se feesmaaltye deelneem, sal jy jou beste rok en versierings aantrek en die beste voedsel, verversings en drinkgoed geniet. Jy sal ook bekoorlike en pragtige musiek, lofsange en danse kan geniet. Jy kan engele dophou terwyl hulle dans, of jy kan self dans om God te verheerlik.

Engele is mooier en hulle tegnieke is meer korrek, maar God is gelukkiger met Sy kinders, wie Sy hart ken en Hom uit hulle harte liefhet, se aroma rondom Hom.

Hulle wie tydens eredienste van God op die aarde gedien het, sal ook tydens feesmaaltye diens verrig, om dit saliger te maak, en hulle wie Hom met sang, danse en opvoerings verheerlik het, sal dieselfde tydens feesmaaltye kan doen.

Jy sal 'n sagte donserige rok met baie patrone aantrek, 'n wonderlike kroon, en juweel versierings met sulke glinsterende ligte. Ook, sal jy in 'n wolkmotor of 'n goue wa, vergesel deur engele ry om die feesmaaltye te gaan bywoon. Klop jou hart nie van vreugde en vooruitsigte, deur dit alles net te fantaseer nie?

Vaartfees op die See van Glas

In die pragtige see van die hemel vloei daar helderskoon water, wat vlekkeloos soos 'n kristal is. Die water van die blou see veroorsaak ligte golwe die seeluggie, en dit blink helder. Baie soorte visse swem in die deurskynende water, en wanneer mense hulle nader, verwelkom hulle die mense deur hulle vinne te beweeg en hulle liefde te bevestig.

Ook, korale met verskillende kleure vorm groepe en oorheers die prag. Elke keer wat hulle beweeg, straal hulle pragtige kleure ligte uit. Hoe 'n wonderlike gesig is dit! Daar is baie klein eilande in die see, en hulle vertoon wonderlik. Buitendien, skepe soos die "Titanic" vaar daar rond, terwyl daar ook feesmaaltye aanboord van die skepe is.

Hierdie skepe is toegerus met alle soorte fasaliteite, insluitende gerieflike akkommodasie, rolbalbane, swembaddens en danssale, sodat die mense alles wat hulle wil doen, kan geniet.

Om net al die feeste op hierdie skepe vir jou te kan voorstel, wat wonderliker is as enige vaartskip op die aarde, saam met die Here en die geliefdes, sal so 'n groot vreugde wees.

2. Watter Soort Mense Gaan na Nuwe Jerusalem?

Hulle wie geloof soos goud het, en na God se wederkoms uitsien, en hulleself soos 'n bruid voorberei, sal Nuwe Jerusalem ingaan. Dus, watter soort persoon moet jy wees, om Nuwe Jerusalem, wat so helder en pragtig soos kristal en vol van God se genade is, te kan ingaan?

Mense met Geloof om God te Verheerlik

Nuwe Jerusalem is die plek vir hulle wie by die vyfde geloofsvlak is – hulle wie nie alleenlik volkome hulle harte geheilig het nie, maar ook aan God se koninkryk getrou is.

Geloof wat God verheerlik is die soort geloof waarmee God so deeglik tevrede is, dat hy die versoeke van Sy kinders wil vervul, nog voordat hulle dit vra.

Hoe, dan, kan jy God verheerlik? Ek sal vir jou 'n voorbeeld gee. Laat ons sê 'n vader kom by die huis nadat hy gewerk het, en sê vir sy twee seuns dat hy dors is. Die eerste seun, wie weet dat sy vader van soda hou, bring vir sy vader 'n glas Coke of Sprite. Die seun masseer ook sy vader om te ontspan, alhoewel sy vader nie daarvoor gevra het nie.

Aan die ander kant, die tweede seun bring net 'n glas water vir sy vader en gaan terug na sy kamer. Nou, watter een van die seuns maak die vader die meeste gelukkig, deur die vader se hart te verstaan?

In plaas van die seun wie net 'n glas water gebring het, om sy vader te gehoorsaam, moes die vader sekerlik gelukkiger gewees het met die seun, wie 'n glas Coke waarvan hy hou, gebring het en hom gemasseer het, waarvoor hy nie gevra het nie.

Op dieselfde wyse, die verskil tussen hulle wie die Derde Koninkryk en Nuwe Jerusalem ingaan, lê daarin tot watter mate mense God die Vader se hart verheerlik, en ooreenkomstig die Vader se wil getrou was.

Mense met Volmaakte Gees en met 'n Hart soos die Here

Hulle wie die geloof het om God te verheerlik, vul hulle harte slegs met die waarheid en is aan God se koninkryk getrou. Om aan God se koninkryk getrou te wees, beteken om die pligte beter af te handel as wat verwag word met die geloof van Christus Homself, wie God se wil tot die dood toe gehoorsaam, sonder om jou lewe eerste te stel.

Daarom, hulle wie aan God se koninkryk getrou is, verrig nie die werke met hulle eie verstand en gedagtes nie, maar slegs met die hart van die Here, die geestelike hart. Paulus beskryf die hart van die Here Jesus in Filippense 2:6-8.

[Christus Jesus], Hy wat in die gestalte van God was, het sy bestaan op Godgelyke wyse nie beskou as iets waaraan Hy Hom moes vasklem nie, maar Hy het Homself verneder deur die gestalte van 'n slaaf aan te neem en aan mense gelyk te word. En toe Hy as mens verskyn het, het Hy Homself verder verneder. Hy was gehoorsaam tot in die dood, ja, die dood van die kruis.

In ruil, het God Hom verhoog, Hom die naam van alle name gegee, Hom laat sit aan die regterkant van God se Troon van glorie, en Hom die mag as die "Koning van alle konings" en die "Here van alle here," gegee.

Dus, net soos wat Jesus gedoen het, moet jy daartoe in staat wees om God onvoorwaardelik te gehoorsaam, om die geloof te hê, om Nuwe Jerusalem te kan ingaan. So die een wie Nuwe Jerusalem kan ingaan, moet in staat wees om selfs God se innerlike hart te verstaan. Hierdie soort persoon verheerlik God, omdat hy tot die dood getrou is, om die wil van God te volg.

God suiwer Sy kinders om hulle te lei dat hulle geloof soos goud het, sodat hulle daartoe in staat sal wees, om Nuwe Jerusalem te kan ingaan. Net soos wat 'n myner die erts vir 'n lang tydperk was en filtreer, op soek na goud, hou God Sy wakende oë op Sy kinders, soos wat hulle in pragtige siele verander en was hulle sondes met Sy woord weg. Wanneer Hy kinders vind wie geloof soos goud het, juig Hy oor al Sy pyne, kwellinge en hartseer wat Hy verduur het, om die doel van die menslike beskawing ten uitvoer te bring.

Hulle wie Nuwe Jerusalem ingaan, is ware kinders wie God verkry het, deur lank te wag totdat hulle, hulle harte verander het om soos God se hart te word, en die hele gees ten uitvoer te bring. Hulle is vir God so kosbaar, en Hy sal hulle so liefhê. Dit is waarom God in Tessalonisense 5:23 daarop aandring, "Mag God, wat vrede gee, julle volkome aan Hom toegewyd maak en julle geheel en al, na gees, siel en liggaam, so bewaar dat julle onberispelik sal wees wanneer ons Here Jesus Christus weer kom."

Mense Vervul die Plig van Martelaarskap met Vreugde

Martelaarskap is om jou lewe op te offer. Dus, word 'n standvastige vasberadenheid, en groot toewyding vereis. Die glorie en gemak wat iemand ontvang, nadat hy sy lewe opgeoffer het, om God se wil ten uitvoer te bring, op dieselfde wyse as wat Jesus gedoen het, is baie groter as wat jy jou kan voorstel.

Natuurlik, elkeen wie die Derde Koninkryk of Nuwe Jerusalem ingaan, het geloof om 'n martelaar te word, maar die een wie eintlik 'n martelaar word, ontvang baie meer glorie. Indien jy nie in 'n toestand is om 'n martelaar te word nie, moet jy die hart van 'n martelaar verkry, en heiligmaking ten uitvoer bring, en om jou pligte volledig te vervul, om 'n martelaar se toekenning te kan ontvang.

God het een keer aan my die glorie wat 'n leraar van my kerk in Nuwe Jerusalem gaan ontvang, geopenbaar, nadat hy sy plig as martelaar vervul het.

Wanneer hy die hemel bereik, nadat hy sy plig vervul het, sal hy eindlose trane stort en na sy huis kyk, met dankbaarheid teenoor God se liefde. By die hek van sy huis, is daar so 'n groot tuin met baie soorte blomme, bome en ander versierings. Vanaf die tuin na die hoofgebou lê die pad van goud, terwyl die blomme die prestasies van hulle eienaar loof, en hom met pragtige geure gemaklik maak.

Bowendien, voëls met goue vere skitter in die lig, terwyl pragtige bome in die tuin staan. Talryke engele, alle diere, en selfs die voëls loof die prestasie van martelaarskap en verwelkom hom, en wanneer hy op die blommepad loop, word sy liefde teenoor die Here 'n lieflike aroma. Hy sal aanhoudend sy dank, uit die diepte van sy hart bely.

"Die Here is waarlik so lief vir my, en het vir my 'n kosbare plig gegee! Daarom, kan ek in die Vader se liefde woon!"

Aan die binnekant van die huis word die mure met kosbare juwele versier, en die lig van korneool so rooi soos bloed, en die lig van saffier is buitengewoon. Die korneool wys dat hy die entoesiasme ten uitvoer gebring het, om sy lewe op te offer asook die hartstogtelike liefde, op dieselfde wyse as wat die apostel Paulus gedoen het. Die saffier verteenwoordig sy onveranderlike, opregte hart en die opregtheid om die waarheid te behou, tot die dood toe. Dit is tot die gedagtenis van die martelaarskap.

Op die buitemure is 'n inskrywing deur God Homself geskryf. Dit boekstaaf die tye van die eienaar se bepoewinge, wanneer en hoe hy 'n martelaar geword het, en onder watter soort omstandighede hy God se wil ten uitvoer gebring het. Wanneer mense met geloof martelaars word, prys hulle gewoonlik vir God, of spreek woorde om Hom te verheerlik. Sulke opmerkings is op hierdie muur geskrywe. Die boekstawing skyn so helder dat jy deeglik daarmee beïndruk is, en vol blydskap is om dit te lees, en na die ligte wat daaruit kom, te kyk. Hoe indrukwekkend sal dit wees, aangesien God, die lig Homself, dit geskryf het! Dus, wie ookal sy huis besoek, sal voor daardie inskrywings buig, wat deur God Homself geskryf is!

Teen die binnemure van die woonkamer is, daar baie groot skerms met baie soorte skilderye. Die tekeninge verduidelik hoe hy opgetree het, sedert hy die Here ontmoet het – hoe lief hy vir die Here het, en watter soorte take hy verrig het, met watter ingesteldheid in sy hart, op 'n sekere tydstip.

Ook, in die een hoek van die tuin, is daar baie soorte sport toerusting wat van wonderlike materiaal vervaardig is, met versierings wat ondenkbaar op die aarde is. God het dit gemaak om hom te troos, omdat hy baie van sport hou, maar dit as gevolg van die bediening laat vaar het. Handgewigte is nie gemaak van enige metaal of staal soos op die aarde nie, maar is deur God met spesiale versierings gemaak. Dit is soos kosbare stene wat pragtig skitter. Verbasend genoeg, hulle weeg verskillend, afhangende van die persoon wie daarmee oefen. Hierdie toerusting word nie gebruik, om jou liggaam fiks te hou nie, maar word soos 'n aandenking as 'n bron van gerief gehou.

Hoe sal hy voel deur na al hierdie dinge te kyk, wat God vir hom voorberei het? Hy moes al sy begeertes vir die Here opoffer, maar nou is sy hart getroos, en hy is so dankbaar vir God die Vader se liefde.

Hy kan net nie ophou om God met trane te bedank en te loof nie, omdat God se brose en besorgde hart alles wat hy ooit wou gehad het, voorberei het, sonder om enige van sy begeertes na te laat.

Mense Verenig Volkome met die Here en God

HEMEL I

In Nuwe Jerusalem het God vir my gewys, dat daar 'n huis so groot soos 'n groot stad is. Dit was so verbasend dat ek nie myself kon help, om oor die grootte, skoonheid en prag verras te wees nie.

Die geweldige groot huis het twaalf hekke – drie hekke elk aan die noorde, suide, ooste en westekant. In die middel is 'n drieverdieping kasteel, met suiwer goud en alle soorte kosbare stene versier.

Op die eerste verdieping is daar so 'n groot saal, dat jy nie vanaf die eenkant tot by die anderkant kan sien nie, terwyl daar ook baie woonkamers is. Dit word vir feesmaaltye en vergaderplekke gebruik. Op die tweede verdieping is daar vertrekke om krone, klere en aandenkings in stand te hou en te vertoon, terwyl daar ook plekke is om profete te ontvang. Die derde verdieping word uitsluitlik gebruik, om die Here te ontmoet en liefde met Hom te deel.

Rondom die kasteel is daar mure wat met blomme bedek is, wat lieflike geure het. Die Rivier met die Water van die Lewe vloei rustig rondom die kasteel, en oorkant die rivier is daar boogvormige wolkbrûe met reënboog kleure.

In die tuin is daar baie soorte blomme, bome en gras wat die voortreflikheid van skoonheid weergee. Aan die ander kant van die rivier is daar 'n ondenkbare groot woud.

Daar is ook 'n pretpark met baie rygoed soos die kristaltrein, die Wikingrit gemaak van goud, en ander fasiliteite wat met juwele versier is. Dit verskaf genotvolle ligte, wanneer dit ookal in werking is. Langs die pretpark is 'n breë blommepad, en regoor die blommepad is 'n vlakte waar diere rondspeel en rustig kan rus, soos by die aarde se tropiese vlaktes.

Behalwe van dit, is daar baie huise en geboue wat met baie soorte juwele versier is, om pragtig te skitter, terwyl misterieuse ligte reg rondom die gebied is. Langs die tuin is daar ook 'n waterval, en agter die heuwel is 'n see waarop 'n groot vaartskip soos die "Titanic" rond vaar. Alles dit is 'n deel van jou huis, so jy kan jou nou 'n bietjie voorstel, hoe groot en wyd hierdie huis moet wees.

Hierdie huis, wat so groot soos 'n groot stad is, is in die hemel 'n toeriste aantreklikheid in die hemel, en lok baie mense, nie slegs vanaf New Jerusalem nie, maar ook vanaf regoor die hemel. Mense geniet hulleself en deel God se liefde. Ontelbare engele bedien die eienaar, versorg die geboue en fasaliteite, vergesel die wolkmotor en verheerlik God met danse en die speel van musiekinstrumente. Alles is voorberei vir die uiterste vreugde en gemak.

God het hierdie huis voorberei, omdat die eienaar alle soorte toetse en beproewings van geloof, hoop en liefde oorkom het, en baie mense op die weg na saligheid gelei het, met die woord van die lewe, en God se krag. Hy het God eerste gestel, en Hom meer liefgehad as enigiets anders.

Die God van liefde onthou al jou pogings en trane, en vergoed jou ooreenkomstig tot wat jy gedoen het. Hy wil hê dat almal met Hom en die Here moet verenig, met besielende liefde om geestelike arbeiders te word, en ontelbare mense op die weg na saligheid te lei.

Hulle wie geloof het wat God kan verheerlik, kan met Hom en die Here verenig word, deur hulle besielende liefde, omdat hulle nie alleenlik aan God se hart gelyk geword het en die hele gees ten uitvoer gebring het nie, maar ook hulle lewens opgeoffer het, om martelaars te word. Hierdie mense het waarlik vir God en die Here lief. Selfs al was daar geen hemel nie, sou hulle nie spyt gewees het, of gevoel het dat hulle iets gemis het om te geniet nie. Hulle voel so gelukkig en tevrede in hulle harte, om ooreenkomstig God se woord te handel, en vir God te werk.

Natuurlik, lewe en hoop mense met ware geloof, vir die toekennigs wat die Here vir hulle sal gee, soos geskrywe in Hebreërs 11:6, "As 'n mens nie glo nie, is dit onmoontlik om te doen wat God wil. Wie tot God nader, moet glo dat Hy bestaan en dat Hy dié wat Hom soek, beloon."

Nietemin, dit maak nie aan hulle saak, of daar 'n hemel is, of nie, of dat daar toekennings is, of nie, omdat daar iets is wat meer kosbaar is. Hulle is gelukkiger as enigiets anders, om die Vader God en die Here, wie hulle ernstig liefhet, te ontmoet. Daarom, om nie in staat te wees om Vader God en die Here te kan ontmoet nie, is ongelukkiger en meer hartseer, as om nie toekennings te ontvang, of om nie in die hemel te woon nie.

Hulle wie hulle onverganklike liefde vir God en die Here toon, deur hulle lewens op te offer, selfs al is daar geen gelukkige hemelse lewe nie, maar verenig is met die Vader en die Here, hulle bruidegom deur middel van hulle besielende liefde. Hoe groot sal die glorie en toekenngs, wat God vir hulle voorberei het, wees!

Die apostel Paulus, wie uitsien na die Here se wederkoms, en probeer voortgaan met die Here se werke, en so baie mense op die weg na saligheid gelei het, het soos volg bely:

Hiervan is ek oortuig: geen dood of lewe of engele of bose magte of teenswoordige of toekomstige dinge of kragte of hoogte of diepte of enigiets anders in die skepping kan ons van die liefde van God skei nie, die liefde wat daar is in Christus Jesus ons Here (Romeine 8:38-39).

Nuwe Jerusalem is die plek vir God se kinders, wie met die Vader God verenig is, deur hierdie soort liefde. Nuwe Jerusalem wat so helder en pragtig soos kristal is, waar daar onbeskryflike, oorvloedige blydskap en vreugde sal wees, is op so 'n wyse voorberei.

Die Vader God van liefde wil hê dat elkeen, nie net gered word nie, maar ook Sy heiligheid en volmaaktheid moet aanneem, sodat hulle Nuwe Jerusalem kan ingaan. The Father God of love wants everybody to not only get saved but also resemble His holiness and perfection so that they will come to New Jerusalem.

Daarom, bid ek in die naam van die Here, dat jy sal besef dat die Here wie opgegaan het hemel toe, om vir jou woonplek voor te berei, spoedig weer sal kom om die hele gees ten uitvoer te bring. Dus, hou jouself vlekkeloos sodat jy 'n pragtige bruid sal word, wie in staat sal wees om te belei, "Kom spoedig, Here Jesus."

Die outeur:
Dr. Jaerock Lee

Dr. Jaerock Lee is in 1943 in Muan, Jeonnam Provinsie, Republiek van Korea gebore. Gedurende sy twintigerjare het Dr. Lee vir sewe jaar aan 'n verskeidenheid ongeneeslike siektetoestande gely, en op die dood gewag, met geen hoop op herstel nie. Nogtans, eendag gedurende die lente van 1974 het sy suster hom saam kerk toe geneem. Terwyl hy gekniel het om te bid, het die lewende God hom onmiddellik van al sy siektes genees.

Vanaf die oomblik wat hy die lewende God ontmoet het, deur die wonderlike ervaring, het Dr. Lee vir God met sy hele hart opreg liefgehad, en in 1978 was hy as 'n dienskneg van God geroep. Hy het vuriglik gebid met ontelbare vastingsgebede sodat hy duidelik die wil van God kon verstaan, en dit volledig ten uitvoer kon bring, en die Woord van God gehoorsaam. In 1982 het hy die Manmin Sentrale Kerk in Seoul, Korea gestig, waar ontelbare wonderwerke van God, insluitende wonderbaarlike genesings, tekens en wonderwerke al plaasgevind het. Sedertdien gaan dit by sy kerk nog steeds voort.

In 1986 was Dr. Lee as 'n pastoor by die jaarlikse vergadering van die Jesus Sungkyul Kerk van Korea georden, en vier jaar later in 1990, was daar begin om sy preke na Australië, Rusland en die Filippyne uit te saai. Binne 'n baie kort tydperk was meer lande deur middel van die 'Far East Broadcasting Company, the Asia Broadcast Station, and the Washington Christian Radio System' bereik.

Drie jaar later in 1993, was Manmin Sentrale Kerk aangewys as een van die "World's Top 50 Churches" deur die Christelike Wêreld tydskrif (VS) en hy ontvang 'n Ere Doktorsgraad van die Christelike Geloofs Kollege, Florida, VSA, en in 1996 ontvang hy sy Ph. D. in Teologie van Kingsway Teologiese Kweekskool, Iowa, VSA.

Sedert 1993 het Dr. Lee wêreld evangelisasiewerk uitgebou deur baie oorsese kruistogte in Tanzanië, Argentinë, Los Angeles, Baltimore Stad, Hawaii, en New York Stad van die VSA, Uganda, Japan, Pakistan, Kenia, die Filippyne, Honduras, Indië, Rusland, Duitsland, Peru, Demokratiese Republiek van die Kongo, Israel en Estonia aan te bied.

In 2002 was hy as 'n "worldwide revivalist" vir sy kragtige evangeliebediening in verskeie oorsese kruistogte, deur die groot Christelike nuusblad in Korea, erken. In besonder was sy 'New York Crusade 2006' gehou in Madison Square Garden, die wêreld se beroemdste optree arena. Die optrede was na 220 nasies uitgesaai, en in sy 'Israel United Crusade 2009', gehou by die Internasionale Byeenkoms Sentrum in Jerusalem, het hy dapper aangekondig dat Jesus Christus waarlik die Messias en Redder is.

Sy preke word na 176 nasies per satelliet insluitende GCN TV uitgesaai. Hy was ook as een van die 'Top 10 Most Influential Christian Leaders' van 2009 gelys. In 2010 ook by die populêre Russiese Christelike tydskrif, In Victory, en die nuusagentskap Christelike Telegraaf, vir sy kragtige evangeliebediening tydens televisie-uitsendings, en oorsese kerklike pastoraatwerk.

Sedert Mei 2013 is Manmin Sentrale Kerk 'n gemeente met meer as 120,000 lidmate. Daar is wêreldwyd meer as 10,000 kerktakke insluitende 56 plaaslike kerktakke, en meer as 129 sendelinge is na 23 verskillende lande gesekondeer, insluitende die Verenigde State, Rusland, Duitsland, Kanada, Japan, China, Frankryk, Indië, Kenia en baie meer tot dusver.

Tot op datum van hierdie publikasie, het Dr. Lee reeds 85 boeke, waaronder topverkopers soos,' Tasting Eternal Life before Death, My Life My Faith I & II, The Message of the Cross, The Measure of Faith, Heaven I & II, Hell, Awaken, Israel!, en The Power of God' geskryf. Sy werke is in meer as 75 verskillende tale vertaal.

Sy Christelike Kolomme verskyn in 'The Hankook Ilbo, The JoongAng Daily, The Chosun Ilbo, The Dong-A Ilbo, The Munhwa Ilbo, The Seoul Shinmun, The Kyunghyang Shinmun, The Korea Economic Daily, The Korea Herald, The Shisa News, en The Christian Press'.

Dr. Lee is tans 'n leiersfiguur by baie sendingorganisasies en verenigings. Posisies sluit in: 'Chairman, The United Holiness Church of Jesus Christ; President, Manmin World Mission; Permanent President, The World Christianity Revival Mission Association; Founder & Board Chairman, Global Christian Network (GCN); Founder & Board Chairman, World Christian Doctors Network (WCDN); and Founder & Board Chairman, Manmin International Seminary (MIS).'

www.ingramcontent.com/pod-product-compliance
Lightning Source LLC
LaVergne TN
LVHW021811060526
838201LV00058B/3327